Parenting Toolbox:
125 Activities Therapists Use to Manage Emotions,
Increase Positive Behaviors & Reduce Meltdowns

부모와 자녀가 함께하는

인지행동놀이치료 워크북 125가지 활동

부모-자녀 상호작용 지침서

Lisa Weed Phifer · Laura K. Sibbald · Jennifer Hunt Roden 공저

김정민 · 김지연 · 유선미 · 정하나 공역

학지사

Parenting Toolbox: 125 Activities Therapists Use to Manage Emotions,
Increase Positive Behaviors & Reduce Meltdowns
by Lisa Weed Phifer, Laura K. Sibbald and Jennifer Hunt Roden

Copyright ⓒ 2018 by L. Phifer, L. Sibblad, J. Roden
Published by:
PESI Publishing & Media
PESI, Inc.
3839 White Ave., Eau Claire, WI 54703, USA

Korean Translation Copyright ⓒ **2022** by Hakjisa Publisher, Inc.
The Korean translation rights published by arrangement with PESI, Inc.

역자 서문

이 책은 자녀의 문제 행동 개선을 위해 아동에게만 초점이 맞춰졌던 기존의 방식과는 다르게, 일상에서 경험하는 문제들을 해결하는 데 부모가 적극적으로 참여하는 가족적인 접근을 제시하고 있다. 이 책의 125가지 다양한 활동은 유아 및 아동을 대상으로 '놀이'를 매체로 활용한 인지행동치료인 인지행동놀이치료(Cognitive Behavior Play Therapy: CBPT)를 시행할 수 있도록 돕는다. 이 책은 치료사가 아동을 대상으로 치료에 활용하거나, 치료사의 주도하에 부모와 아동이 함께 활동을 진행할 수 있도록 친절하게 구성되어 있다. 혹은 부모가 자녀와 함께 스스로 활동을 실시해 볼 수 있도록 안내하는 셀프 헬프(self-help) 워크북으로도 매우 유용하다.

이 책은 부모와 자녀 간의 건강한 상호작용을 통해 아동의 적응적 인지 기능이 향상되고, 아동의 감정 조절을 도우며, 아동이 적절한 사회적 기술과 대처 행동 전략을 배울 수 있는 것을 목표로 한다. 책에 제시된 125가지 흥미로운 인지행동놀이치료 활동을 통해, 아동은 생각-감정-행동의 연결 고리를 자연스럽게 이해하고 이를 쉽고 재미있게 적용할 수 있다. 바라건대, 이 책이 치료사와 부모 모두에게 아동과의 건강한 상호작용 지침서의 역할을 다할 수 있기를 기대하는 바이다.

역자 일동

이 워크북은 건강한 관계와 행동 발달을 촉진함으로써 당신의 자녀로 하여금 자신감을 갖고 삶의 도전들을 다루며 성장하도록 이끈다. 이 책은 일상에서 경험하는 자녀의 문제에 대해 부모, 심리치료사, 언어치료사가 함께 다룰 수 있는 창의적이고 새로운 해결책을 제시하고 있다.

이 책의 다양한 활동과 예시들은 부모와 자녀가 보다 현실적인 목표를 세울 수 있도록 돕는다. 이 책의 활동들은 자녀의 인지 기능을 강화하고, 체계적인 사고와 지시 수행을 촉진한다. 또한 다양한 활동을 통해 가족과 친척, 또래 및 지역 사회 구성원들 내의 복잡한 관계 구조를 개선하는 데 유용하다. 이러한 맥락에서 어려움을 겪고 있는 아동의 대처 능력을 향상시킬 수 있는 방법들과 함께, 가정에서 건강한 습관을 형성하는 방법들이 제시되어 있다. 이러한 모든 것은 생각, 감정, 행동 간 연관성을 이해하는 데서 시작된다.

변화를 주도하는 부모와 양육자

실제 양육은 말처럼 쉽지 않다. 양육이라는 인생의 과제를 다루는 수많은 책이 나와 있으나, 직접 부모로 살아 보기 전까지는 알 수 없다! 대개의 부모들은 자신의 부모로부터 배운 규칙들 가운데 가장 좋은 것들을 가져오거나, 육아의 경험이 있는 친구와 가족들의 제안을 따르거나, 혹은 자신의 방식대로 해 나간다.

자녀가 어릴 때 부모는 말하기, 걷기와 같은 획기적인 사건들을 기대한다. 자녀가 신체적으로 잘 발달하고 있는지 확인하기 위해 소아과 의사를 자주 방문하기도 한다. 그렇다면 내 아이의 정서·사회적 발달은 어떨까? 부모와 양육자는 이 영역에서 최초의 교사이다. 당신은 당신의 자녀가 처음으로 친구와 장난감을 함께 가지고 놀거나, 자신의 감정을 표현하거나, 매일 일정한 시간에 잠자리에 들기 시작했던 순간들을 기억하고 있는가? 아마 아닐 것이다. 이러한 중요한 사건들은 부모를 모방함으로써 시작되며, 이후 자연스럽게 진행했을 것이다. 정서·사회적 발달은 신체적 발달만큼이나 중요하다. 부모는 자녀가 건강한 관계를 형성하고, 감정을 표현하며, 효과적으로 문제를 해결하고, 삶에서 마주하는 도전에 대처하는 능력들을 기르는 데 중요한 열쇠가 된다. 어떤 아동들은 빠르게 배우는 반면, 어떤 아동들은 정서 · 사회적 필요를 가지고 있어 만약 혼자 내버려 둘 경우, 후에 문제를 나타낼 수 있다.

부모로서 당신의 영향력은, 단지 자녀의 곁에서 좋은 본보기를 보여 주는 것만으로도 매우 강력하다. 부모는 자녀가 아침에 가장 먼저 보고 잠들기 전 가장 마지막으로 보는 사람이다. 자녀가 항상 부모의 지시를 따르는 것은 아니지만, 부모가 보여 주는 모든 행동을 흡수한다. 만약 당신의 자녀가 정서 · 행동의 문제를 보인다면, 당신은 반드시 자녀 곁에서 신뢰할 만한 모습을 보여 주어야 한다.

부모는 스스로를 잘 돌봐야 한다. 부모의 가장 첫 번째 중요한 책무인 양육은 매우 부담이 큰 일이다. 양육에 대한 보상이 주어지지도 않는다. 그러나 아이들의 눈에 부모는 영웅과도 같다. 이 워크북의 목표는 양육이 즐거운 일이 될 수 있다는 사실을 이해하도록 도울 뿐 아니라, 가정에서의 다루기 힘든 정서 · 행동 문제들을 지원하는 것이다. 부모는 아동으로 하여금 긍정적인 사고와 행동으로 이끄는 변화의 매개 역할을 담당한다. 이 워크북의 활동들을 통해 정서 · 사회적으로 건강하고 회복 탄력성을 지닌 아동으로 변화하는 여정을 시작할 수 있을 것이다.

인지행동치료의 영향

이 워크북은 가정에서의 사회적 · 정서적 · 행동적 어려움을 다루기 위한 실질적인 전략들을 부모에게 제공하고 있다. 이 책의 활동들은 부정적인 생각, 감정, 행동을 식별하고 이를 바꾸기 위해 짜였다. 그렇다고 하더라도 심리치료사만이 이 책을 사용할 수 있는 것은 아니다. 이 책은 치료 매뉴얼이라기보다는 가족 구성원들로 하여금 역량을 쌓아 각 가정과 아동의 어려움을 다룰 수 있도록 하기 위한 매력적인 활동들을 제공하려는 목적으로 쓰였다.

• CBT는 단기적이고 목표 지향적인 치료법이다. CBT는 아동과 가족을 포함하여 불안, 우울, PTSD 등에 이르는 다양한 문제들을 다루는 데 효과적이다.
• CBT의 초점은 감정과 행동에 영향을 미치는 부정적인 사고 패턴을 찾아 다루는 것에 있다. 즉, 감정과 행동에 영향을 미치는 부정적이고 도움이 되지 않는 생각을 긍정적이고 건강한 생각으로 바꾸는 것이다. 이 워크북의 활동들을 통해 아동과 부모 모두 부정적인 사고 패턴과 문제 행동을 변화시키거나 재구성할 수 있으며, 보다 긍정적이고 건강한 친사회적 기술들을 증진시킬 수 있다.

정서·사회적 건강은 가정에서 시작된다. 상담이나 심리치료와 같은 정신 건강 지원 방식은 어떤 가정의 경우 보험료, 시간, 장소를 포함한 여러 장애물로 인해 도움을 받기 어려울 수 있다. 이 워크북은 가족 개개인의 필요에 맞는 다양한 주제를 제공하고 있다. 또한 심리치료사, 상담사들은 아동과 부모가 치료실 세팅 밖에서 여러 기술들을 연습해 보도록 돕기 위해 이 책을 활용할 수 있다. 긍정적인 행동을 연습하고 강화하기 위한 최적의 환경은 가정에서 맞닥뜨리는 실제 상황이다. 이 워크북의 활동들은 적용하기 쉬우며, 인지·행동적 초점에 기반하여 부정적인 사고를 줄이고 긍정적인 행동을 지원함으로써 궁극적으로 행복한 가정을 이루도록 이끈다.

이 책을 사용하는 방법

이 책 전체의 상단 코너에는 3가지 유형의 활동지를 표시하는 기호가 쓰여 있다.

아동용 활동지 [아동용 활동지]　　부모용 활동지 [부모용 활동지]　　아동-부모용 활동지

아동용 활동지는 부모가 목표 기술을 사용하고 아동과 직접 이야기를 나누도록 구성되어 있다. 아동은 이 활동지를 통해 자신의 생각과 감정이 행동에 어떻게 영향을 미치는지 이야기하거나, 대처 기술을 찾아내거나, 긍정적인 관계를 맺을 수 있을 것이다. 워크북의 활동들은 아동의 관심사에 맞게 변형할 수 있다. 예를 들어, 만약 아동이 글씨 쓰는 것을 좋아하지 않는다면 자신의 생각을 그림으로 그려 보거나, 콜라주로 단어들을 붙여 볼 수도 있다. 어떤 활동들도 대안으로 활용할 수 있으며, 정답과 오답 또한 없다. 이 활동들은 아동을 위해 고안되었으며, 부모나 양육자는 활동 전반을 지도하고, 활동이 진행되는 동안 아동과 함께 활발하게 이야기를 나누도록 권장된다.

부모용 활동지는 부모나 양육자가 아동의 욕구를 평가하고 가정에서 건강한 습관을 형성할 수 있도록 돕기 위해 만들어졌다. 또한 부모가 아동의 행동을 추적하고(track), 다른 서비스 제공자들(예: 학교, 의사, 상담사 등)과 공유한 정보를 수집하는 데 유용한 도구들도 포함되어 있다.

아동-부모용 활동지는 새로운 기술을 배우고, 연습하며, 문제를 해결하기 위해 부모와 아동이 함께 작업하는 협업 활동들이다. 이러한 활동들은 부모-자녀 간의 의사소통을 원활하게 하고, 서로의 생각과 감정을 공유할 수 있는 기회를 제공할 것이다.

내용

이 책은 정서·사회적 건강의 모든 영역을 포괄하는 6개의 장으로 구성되어 있다. 감정 인식하기, 타인의 관점 취하기, 대처 계획 수립하기와 같은 건강한 습관을 기르는 것은 현재 아동에게뿐 아니라, 성인이 되었을 때의 적절하고 건강한 습관을 지원하는 데도 도움이 될 수 있다. 각 장에는 가족의 욕구를 충족시키기 위한 다양한 활동이 있으며, 문제 해결, 시나리오, 기술 연습을 위한 활동들로 구성되어 있다.

제1장 당신의 자녀 이해하기

'당신의 자녀 이해하기' 장에서는 자녀의 현재 강점과 욕구를 찾는 데 초점을 맞춘다. 이 장에서는 부모나 양육자가 아동의 진단명보다 (진단명이 있는 경우) 아동의 개인적 욕구에 집중할 수 있도록 한다. 아동에게 가장 큰 영향을 미치는 행동은 무엇인가? 이 장에는 아동의 욕구를 파악하고, 목표를 세우며, 필요한 경우 추가적인 지원을 받는 방법을 모색하는 데 도움이 되는 활동들이 포함되어 있다.

제2장 정서와 감정

이 장의 활동들은 우리의 신체가 다양한 방식으로 감정을 느끼고 표현한다는 것을 이해하고, 감정들을 명명하며, 적절하게 표현할 수 있도록 하기 위한 것이다. 또한 가정에서 부정적 감정을 유발하는 요인들을 찾아내고, 가정에서 정서 조절을 잘 할 수 있도록 돕는 활동들도 포함되어 있다.

제3장 사회적 기술 지원하기

이 장의 활동들은 가정 내 의사소통을 격려하고, 가족 구성원들과 또래들 간의 관계를 개선하기 위한 것이다. 이러한 활동들은 조망수용능력과 신뢰감 형성과 같은 중요한 사회적 기술들을 알리는 데 유용하다.

제4장 인지 능력

이 장의 활동들은 일상생활에서 실제 어려움에 직면했을 때, 아동이 좀 더 효율적으로 문제를 해결하고 좌절감을 줄일 수 있는 역량을 기르는 데 초점이 맞추어져 있다. 이러한 기술들은 학교, 그리고 이후 취업과 같은 삶의 다른 영역들과도 직접적으로 관련이 있다.

제5장 대처 기술 기르기

이 장은 기본적인 대처 기술들과 아동에게 적합한 기법들을 찾아내고 안내하는 내용을 담고 있다. 이 장에는 아동이 안전하고 건강한 방식으로 자신의 감정을 진정시키도록 알려 주는 시각적 자료들로 구성되어 있다. 또한 아동이 평정을 유지하도록 돕는 마음챙김 기법들도 포함되어 있다.

제6장 가족 역동성

이 장의 활동들은 어느 가정에서나 유용하게 사용할 수 있는 긍정적인 양육 기법들 및 활동들에 중점을 두고 있다. 이러한 활동들은 긍정적인 행동 강화하기, 기상, 취침, 과제 등의 일과 세우기에 초점이 맞추어져 있다.

워크북 활용표

다음 박스들에서 다양한 행동과 증상을 검토해 보세요. 그런 다음 당신이 구체적으로 다루기 원하는 것들에 동그라미를 치세요. 이것을 당신 가족의 욕구를 충족시키는 활동을 찾는 데 활용할 수 있습니다. 어떤 행동은 여러 영역에서 다뤄질 수도 있으므로, 해당하는 것에 모두 동그라미를 치세요.

당신의 자녀 이해하기

- 증상 찾기
- 영향력 탐색하기
- 강점 알아내기
- 약점 검토하기
- 긍정적인 목표 설정하기

정서와 감정

- 감정 인식하기
- 정서적 의사소통 구축하기
- 감정 표현하기
- 생각, 감정, 행동 연결하기
- 감정 추적하기

사회적 기술 지원하기

- 친구 사귀기
- 조망수용
- 자기 자신 옹호하기
- 아이디어 교환하기
- 문제 해결하기

인지 능력

- 주의력 조절하기
- 충동 억제하기
- 유연성 향상시키기
- 조직화 기술 향상시키기
- 시간 관리하기

대처 기술 기르기

- 침착함 유지하기
- 좋은 선택하기
- 반응 조절하기
- 뇌 휴식하기
- 평정심 되찾기

가족 역동성

- 가족 특성 검토하기
- 규칙 세우기
- 보상과 결과 정의하기
- 디지털 시간 관리하기
- 가정에서의 일과 만들기

차례

제**1**장 / 당신의 자녀 이해하기 17

제 **2** 장 / 정서와 감정 37

제 **3** 장 / 사회적 기술 지원하기 63

제4장 / 인지 능력 85

디지털 양육

제 1 장
당신의 자녀 이해하기

이 장은 아동의 중요한 감정들과 행동들을 찾는 데 초점을 맞춥니다. 주요 행동들을 찾을 때 당신의 가정에 가장 큰 영향을 미치는 한두 가지 행동들에 집중하는 것이 중요합니다. 먼저 아동 자신이나 다른 사람들에게 해로운 행동부터 시작합니다. 만일 아동이 자기 자신이나 다른 사람에게 해를 끼치지 않는다면, 당신의 일상생활을 가장 방해하는 행동에 초점을 맞춥니다.

아무리 행동 조절이 어려운 아동이라도 강점을 가지고 있으므로, 이 점을 놓쳐서는 안 될 것입니다. 이 장은 아동의 그러한 장점들을 찾아내어 확장하는 데 도움이 되는 도구들을 제공하고 있습니다. 아마도 당신은 당신 자신과 당신의 자녀, 그리고 당신의 가족이 얼마나 많은 장점들을 갖고 있는지 놀랄 것입니다! 또한 모든 아동들은 각기 다르므로 당신의 자녀들이 서로의 강점을 아는 것이 도움이 될 것입니다. 이러한 긍정적인 관점은 아동의 문제 행동을 개선하는 열쇠입니다.

마지막으로, 이 장은 현재 당신의 가족과 미래를 위한 목표를 세우도록 이끌 것입니다. 이 장의 활동들은 아동의 문제 행동을 찾아내어 적응적인 행동으로 바꾸기 위한 것들입니다. 이 때 아동에 대해 너무 높지 않은, 현실적인 기대를 가지고 목표를 세워야 합니다. 모든 아동은 같지 않기 때문에, 한 아동에게 도움이 되는 것이 다른 아동에게는 그렇지 않을 수도 있습니다. 그렇다고 하더라도 문제가 되지 않습니다. 일관성 있는 태도를 유지하면서, 때로는 상황에 따라 유연하게 대처하며, 성장으로 이끄는 강점들에 초점을 맞추기 바랍니다. 세운 목표들을 정기적으로 검토해 보고, 만일 아동이 진전을 보이지 않는다면, 어떻게 도움을 줄 수 있을지 다시 생각해 보는 것이 필요합니다.

욕구 정의하기

다음 표에 아동의 욕구들을 적은 다음, 부모 또는 보호자로서 당신의 욕구에 대해 생각해 보세요.

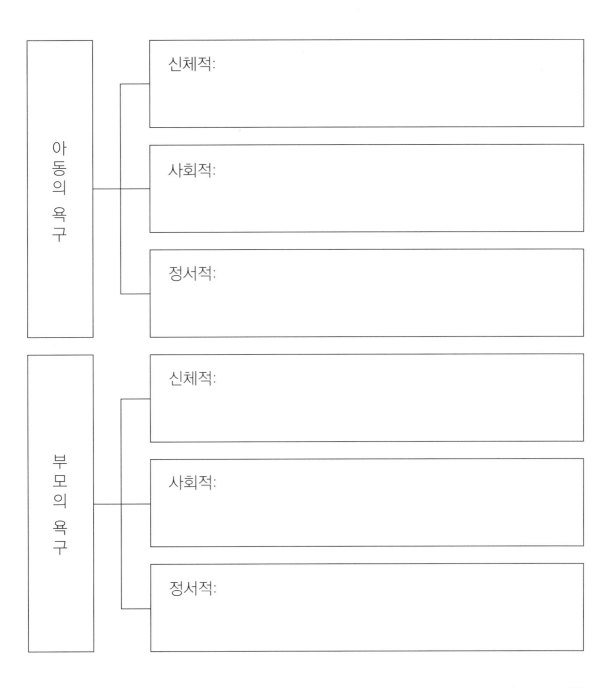

아동의 욕구

신체적:

사회적:

정서적:

부모의 욕구

신체적:

사회적:

정서적:

아동–
부모용
활동지

나의 연대기

다음 연대기 표에 삶의 주요한 사건들을 기록합니다. 화살표 위쪽에는 성취한 것들, 새로운 학교 또는 활동과 같은 긍정적 사건들을 적습니다. 화살표 아래쪽에는 이별, 이사 또는 죽음과 같은 부정적 사건들을 적습니다. 아동에게 긍정적 사건 하나와 부정적 사건 하나를 선택하도록 합니다. 각각의 사건에 대한 생각, 감정, 행동을 찾아보고, 아동이 먼저 연대기를 시작하도록 한 다음, 포함될 필요가 있는 사건들을 추가하도록 합니다. 긍정적/부정적 사건 간의 차이점들에 대해 함께 이야기해 보세요.

나의 연대기

긍정적 사건:

출생 ⟶ 현재

부정적 사건:

	생각	감정	행동
긍정적 사건			
부정적 사건			

20 제1장 당신의 자녀 이해하기

나의 꿈

이 활동은 나의 꿈을 현재와 미래의 구체적인 목표로 바꾸기 위한 것입니다. 먼저 부모님이 다음 구름에 꿈을 적어 보세요. 당신의 생각을 적는 과정에 아동도 함께 참여시켜 보세요. 아동이 미래에 대해 생각해 보도록 안내해 주세요. 이 활동은 아동과 함께 꿈에 대해 이야기를 나누고, 그러한 꿈을 실현하기 위한 계획을 만들어 볼 수 있습니다.

꿈 구름 1:
내년에 이루고 싶은 꿈에
대해 핵심 단어들을 적거나,
그림을 그려 보세요.

꿈 구름 2:
5년 뒤에 이루고 싶은 꿈에
대해 핵심 단어들을 적거나,
그림을 그려 보세요.

꿈 구름 3:
10년 뒤에 이루고 싶은 꿈에
대해 핵심 단어들을 적거나,
그림을 그려 보세요.

증상과 영향력

불안, 우울 또는 주의력 장애는 다양한 방식으로 증상이 나타날 수 있습니다. 아동이 보이는 증상에 초점을 맞춰 보세요. 그 증상들이 아동에게 가장 영향을 미치는 곳은 어디인가요? 예를 들어, 불안감을 보이는 아동이 집에서는 정상적으로 기능할 수 있으나, 학교 일정에서는 어려움을 겪을 수 있습니다. 증상의 영향력을 고려하는 일은 목표 기술을 정하고, 아동을 지지하는 데 도움을 줄 수 있습니다.

진단 또는 상태: _____

주요 행동: _____

_____

_____

증상으로 인해 영향을 받는 영역들

가정(예: 일과 따르기, 건망증, 집안일, 식사 시간, 취침 시간, 아침 일과 등):

_____

_____

학교(예: 과제 끝내기, 공부, 주의력, 출석, 수업 등):

_____

_____

사회적 관계(예: 우정, 갈등 해결하기, 성인과 상호작용하기 등):

_____

_____

건강(예: 수면, 식사, 위생 등):

_____

_____

개선되어야 할 영역들

가정:

_____

_____

학교:

_____

_____

사회적 관계:

_____

_____

건강:

_____

_____

가장 중요한 정보들

아동이 여러 서비스 제공을 받고 있다면(예: 학교, 의사, 심리치료사), 아동의 건강 관련 기록들을 정리하는 것은 부모에게 어려운 일이 될 수 있습니다. 다음 활동지인 '가장 중요한 정보들'은 부모와 양육자를 위한 도구입니다. 모든 서류들을 세 개의 고리가 있는 바인더에 끼워 보관하고, 각 섹션은 각기 다른 서비스 제공자로 구분하면 편리합니다. 예를 들어, 학교 섹션에는 회의 자료 또는 교육 계획서 사본을 모아 둡니다. 의료 섹션에는 의사의 소견서 사본, 신체 검사 기록 사본, 현재 복용 중인 약물 정보 등을 모아 보관합니다. 정신건강 섹션에는 심리치료 계획서, 소견서, 심리평가서와 같은 관련 정보를 모아 둡니다. 이 활동지를 바인더 앞장에 끼우고 필요에 따라 업데이트합니다.

가장 중요한 정보들

일반 정보

아동 성명: _____

생년월일: _____

의료 정보

의사/소아과 전문의 및 연락처: _____

알레르기: _____

복용약: _____

의학적 문제: _____

마지막 방문일자: _____

심리치료

치료사 및 연락처(정신과 의사, 심리치료사, 언어치료사, 직업치료사, 물리치료사 등): _____

_____

방문 횟수: _____

진단: _____

교육 정보

학교 이름, 주소 및 전화번호: _____

_____

교육 서비스(예: 개별 교육 계획, 장애 학생 지원 서비스, 건강 계획 또는 행동 개입 계획): _____

_____

사례 관리자 및 연락처 정보: _____

중요한 학교 일정(예: 평가, 연간 검토 또는 회의 등):

_____

지원 네트워크

양육은 당신 혼자만의 일이 아닙니다. 때때로 감당하기 힘든 상황에서 도움을 받을 수 있다는 사실을 떠올려야 합니다. 조언이나 문제 해결을 도와줄 누군가가 필요할 때 연락할 수 있는 가족과 친구들을 떠올려 보세요. 당신 자녀의 문제에 대해 정보를 제공하는 기관이나 지원 단체를 찾아볼 수도 있습니다. 필요한 경우 비상시 연락 정보를 적어 보세요. 필요할 때 쉽게 연락할 수 있도록 이 활동지를 찾기 쉬운 곳에 두십시오.

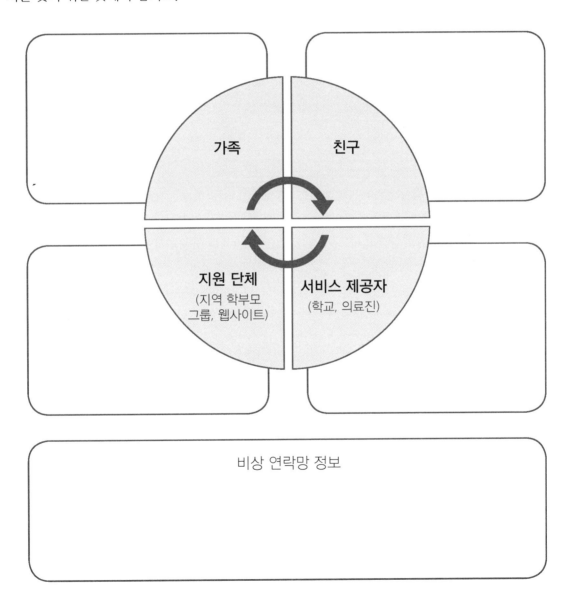

비상 연락망 정보

강점 찾기

양육자와 아동 모두 자신의 강점과 욕구 프로파일을 작성할 것입니다. 이 활동지를 작성하면서 당신과 아동이 개선해야 할 기술들을 탐색하게 될 것입니다. 양육자는 아동이 다양한 영역에서 어떻게 행동하는지에 관해 정보를 제공합니다. 아동도 자신의 장점과 욕구를 작성할 것입니다. 이 때 아동이 자신의 생각을 쓰기 어려워한다면, 양육자가 대신 기록하거나, 아동에게 그림으로 그려 보도록 격려해 주세요.

마지막 활동은 양육자와 아동이 각자 작성한 것을 함께 살펴보고 비교해 보는 것입니다. 유사점과 차이점에 대해 함께 이야기를 나눠 봅니다. 양육자는 기록한 강점과 욕구의 수에 따라 필요하다면 유형별로 도표를 만들어 볼 수 있습니다.

강점 찾기: 부모

다음의 각 영역에 따른 당신 자녀의 강점과 개선할 점을 생각해 보세요.

강점	개선할 점
가정: (예: 집안일, 지시 따르기, 다른 사람 돕기)	
사회적 관계: (예: 친구, 사람들과 있을 때의 행동)	
학교: (예: 수업/성적, 규칙 지키기, 행동)	
공동체: (예: 자원봉사하기, 이웃돕기)	

강점 찾기: 아동

자신의 강점과 개선할 점을 다음 네모 칸에 적어 보세요. 맞는 답과 틀린 답이 없다는 것을 기억하세요!

강점	개선할 점
가정: (예: 집안일, 지시 따르기, 다른 사람 돕기)	
사회적 관계: (예: 친구, 사람들과 있을 때의 행동)	
학교: (예: 수업/성적, 규칙 지키기, 행동)	
공동체: (예: 자원봉사하기, 이웃돕기)	

강점 찾기: 함께 하기

부모와 아동이 각각 작성한 활동지를 함께 살펴보고, 다음의 표를 완성해 보세요. 원이 겹치는 부분에는 부모와 아동이 공통적으로 적은 특징들을, 나머지 원 안에는 차이점들을 적어 보세요. 가장 놀라운 강점은 무엇인가요? 개선해야 할 가장 중요한 점은 무엇인가요?

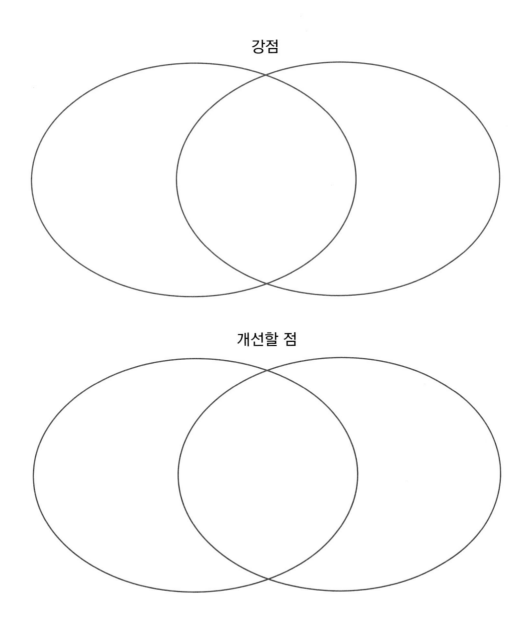

강점

개선할 점

영향력 표

이 활동지를 사용하여 당신 자녀의 문제 행동이 자녀의 삶에 어떻게 영향을 미치는지 탐색해 보세요. 아동의 행동이 어떤 방식으로 가정생활, 관계, 혹은 학교에 영향을 미치나요? 예를 들어, 충동적인 아동은 갈등에 직면했을 때 감정을 조절하기 힘들기 때문에 친구 관계를 유지하는 데 어려움을 겪을 수 있습니다. 모든 아이들은 다 다르다는 것과, 정답과 오답이 없다는 사실을 기억하세요.

영향을 받는 영역: 해당되는 영역에 동그라미를 치세요. 만일 이것들 중에 없다면 '기타'에 적어 보세요.

가정

부모/양육자와의 관계	놀이	다른 사람들과 의사소통하기
형제자매 관계	문제 해결하기	감정 조절하기
수면	가족 활동에 참여하기	기타: _____
식사	정리정돈하기	기타: _____

학교

성적	감정 조절하기	다른 사람들과 의사소통하기
또래 관계	학교 활동에 참여하기	기타: _____
교사와의 관계	학교 자료 정리하기	기타: _____
문제 해결하기(도전에 직면했을 때)	제 시간에 과제 끝내기	기타: _____

당신 자녀의 문제 행동이 가장 큰 영향을 미치는 영역들은 무엇인가요? _____

_____

_____

아동이 자신의 약점을 극복하는 데 도움이 될 수 있는 아동의 강점은 무엇인가요? _____

_____

_____

목표 세우기: 양육자와 아동

다음의 목표 세우기 활동은 양육자와 아동이 긍정적인 행동과 관련된 목표를 만들고, 목표를 달성하기 위한 계획을 세우며, 아동이 계획을 수행하여 목표를 성취할 수 있도록 돕기 위한 것입니다. 필요에 따라 각 활동을 함께 또는 개별적으로 사용할 수 있습니다.

첫 번째 활동인 '나쁜 행동 바꾸기'는 양육자가 문제를 정의하고, 부정적인 행동을 대체할 긍정적인 행동을 찾도록 돕습니다.

두 번째 활동인 '목표 설정하기'는 양육자가 아동의 목표를 찾도록 하며, 세 번째 활동은 아동이 자신의 목표를 선택하거나, 양육자와 함께 협력하여 목표를 찾도록 돕습니다.

네 번째 활동인 '행동 계획하기'는 부모와 아동이 선택한 목표를 달성하는 데 필요한 단계들과 지원 방안들을 계획하도록 구성되었습니다.

마지막 활동인 '검토하기'는 아동이 목표를 달성하는 과정이 순조롭게 진행되도록 돕는 도구로 사용될 수 있습니다.

'나쁜' 행동 바꾸기

다음 표를 사용하여 아동의 '나쁜' 행동을 긍정적이고 생산적인 행동으로 바꿔 보세요. 먼저, 다음 나열된 문제 행동들 중에서 하나를 고르거나, 여기 없는 문제 행동을 적어도 됩니다. 그런 다음, 이러한 아동의 문제 행동 대신 하기 원하는 것, 즉 '대체 행동'에 대해 생각해 보세요. 다음 표를 참고하여 표 아래의 문장들도 작성해 봅니다. 목표 행동을 찾는 것은 아동을 돕기 위한 전략들을 선택하는 데 도움이 될 수 있습니다.

문제 행동	대체 행동	목적
예: 숙제를 마치지 않음 지시사항을 따르지 않음 너무 많이/적게 먹음 휴대폰/인터넷 사용 위축 기타:	예: 규칙적으로 숙제를 하는 습관 성인의 요청 따르기 건강에 좋은 간식 먹기 휴대 전화 시간 제한하기 형제자매 또는 또래와 상호작용하기 기타:	예: 가정에서 숙제를 하는 습관을 들이기 위해 논쟁을 줄이기 위해 건강한 습관을 기르기 위해 긍정적인 상호작용을 촉진하기 위해 우정을 쌓기 위해 기타:

나는 아동의 이 문제 행동을 줄이고 싶습니다:

_____

_____

나는 아동의 이 문제 행동을 이런 긍정적인 행동으로 바꾸고 싶습니다:

_____

_____

왜냐하면 ~하기 위해:

_____

_____

부모용 활동지

목표 설정하기: 부모

당신의 자녀가 성취했으면 하는 한 가지 목표는 무엇인가요?

자녀가 이 목표를 이룰 수 있도록 어떻게 도울 수 있을까요?

이 목표를 이루기 위해 추가적인 지원이나 물질이 필요한가요?

이 목표를 달성하는 데 얼마나 걸릴까요? (현실적으로 생각할 것!)

목표 설정하기: 아동

여러분이 이루고 싶은 한 가지 목표는 무엇인가요?

부모님은 나를 어떻게 도울 수 있을까요?

_____

_____

_____

_____

이 목표를 이루기 위해 다른 지원이나 물질이 필요한가요?

_____

_____

_____

_____

나의 목표를 달성하는 데 얼마나 걸릴까요?

_____

_____

_____

_____

행동 계획하기

목표:

1단계: _____

_____

_____

_____

필요한 물질 또는 지원:

_____

예상 완료 시간:

_____

2단계: _____

_____

_____

_____

필요한 물질 또는 지원:

_____

예상 완료 시간:

_____

3단계: _____

_____

_____

_____

필요한 물질 또는 지원:

_____

예상 완료 시간:

_____

4단계: _____

_____

_____

_____

필요한 물질 또는 지원:

_____

예상 완료 시간:

_____

5단계: _____

_____

_____

_____

필요한 물질 또는 지원:

_____

예상 완료 시간:

_____

검토하기

이 활동지에 목표를 이루기 위해 한 일들을 적어 보세요. 첫 번째 열에는 얼마나 자주 진행 과정을 검토할지 기록합니다. 만약 단기 목표라면 일별로 기록하고, 장기 목표의 경우에는 주별로 기록합니다. 목표가 달성되기 원하는 예상 날짜를 함께 작성해 보세요. 만약 여러분의 목표가 예상보다 오래 걸린다고 해도 낙심하지 마세요. 스스로에게 '나는 변화하고 있는가?' 물어보세요. 그 질문에 대한 대답이 '그렇다'라면, 스스로를 뿌듯하게 생각하고 계속 노력하세요! 만약 대답이 '아니다'라면, 그에 따라 목표를 조정하거나, 필요한 지원을 조정해 보세요.

목표: _____
_____
_____
_____

목표가 달성되기 원하는 날짜: _____

일/주	나는 변화하고 있나요?	나는 변화가 필요한가요?	나는 도움이 더 필요한가요?

제 2 장
정서와 감정

정서를 적절히 언어로 표현하는 능력이 결여된 경우, 감정을 다루기 위한 의사소통 대신 지속적으로 행동을 사용하게 되는 결과를 낳습니다. 아동들은 실패에 직면했을 때 공격적인 행동을 보이거나, 불안, 우울, 그리고 기타 다른 부정적인 감정들을 찾아내는 데 어려움을 겪을 수 있습니다. 또한 감정을 표현하고 조절할 수 없을 경우, 아동은 일상생활에서 경험하는 정서적 스트레스를 다루기 위해 건강하지 않은 습관을 형성할 위험이 높습니다.

아동이 일생에 걸쳐 다른 사람들과 건강한 관계를 맺기 위해서는 자신의 감정을 찾고, 표현하고, 조절할 수 있는 능력은 필수적인 요소입니다. 다양한 감정들을 식별하는 능력은 일찍 발달하며, 건강한 관계를 형성하기 위한 첫 단계입니다. 마치 아동에게 책을 읽어 줄 때 수천 개의 어휘들을 접하게 되는 것과 같이, 부모가 감정 단어들을 사용하는 것뿐만 아니라, 감정을 검토하고 강조하게 되면 아동의 정서적 능력을 발달시키는 데 도움이 될 수 있습니다. 다음은, 감정과 반응을 연결 짓는 것과 자기 인식을 기르는 것이 중요합니다.

이 장에서는 정서 발달의 다양한 측면을 다루는 활동들을 하게 될 것입니다. 정서 발달에 필요한 기술들은 다음과 같습니다.

- 감정 찾기, 감정 표현하기, 감정 조절하기
- 다른 사람의 감정 인식하기
- 감정과 반응 연결하기
- 감정 추적하기

감정 단어 모으기

여러분은 화가 나서 무슨 말을 해야 할지 모를 때가 있나요? 여러분은 행복한가요, 슬픈가요, 아니면 화가 나나요? 우리의 느낌이나 감정을 표현하는 많은 방법들이 있지만, 다양한 감정들을 찾아내는 연습을 하게 되면, 문제를 만났을 때 다른 사람과 더 명확하게 의사소통할 수 있어요. 다음 표의 단어들과 같은 뜻을 가진 다양한 단어들을 찾아보세요. 잡지나 인터넷 검색을 할 수도 있고, 친구와 함께 생각이 떠오르는 대로 이야기해 볼 수도 있어요. 떠올려 보세요. 다음에 제시된 감정들을 묘사하기 위해 어떤 다양한 단어들이 떠오르나요?

행복한	침착한/차분한	좌절감을 느끼는

화가 난	슬픈	무서운

동의어와 반의어

다음 표에 있는 감정마다 같은 뜻의 단어(동의어)와 반대의 뜻을 가진 단어(반의어)를 각각 세 개씩 찾아 적어 보세요. 감정과 관련된 다양한 단어들을 많이 알고 있다면, 자신의 감정을 표현하고 다른 사람들의 감정을 이해하는 데 도움이 될 수 있어요. 또한 이것을 게임으로도 활용해 보세요. 제한 시간을 설정하고 각각의 감정에 대해 가장 많은 동의어와 반의어를 찾는 가족이나 친구가 누구인지 찾아보세요.

행복한

동의어	반의어

슬픈

동의어	반의어

화가 난

동의어	반의어

나의 감정 선택하기: _____

동의어	반의어

스스로에 대해 알아가기

다섯 가지의 다른 감정들을 골라 열에 적어 보세요. 부모와 아동은 다음 질문에 각자 답해야 합니다. 여러분이 고른 각각의 감정을 일으키는 요인은 무엇인가요? 여러분이 그 감정을 느낄 때 어떤 말을 하거나 어떤 행동을 하는지 생각해 보세요. 서로의 답변에 대해 함께 이야기해 보세요.

감정을 일으키는 요인들과 그에 따른 반응을 알게 된다면, 가족 구성원들이 서로를 더 잘 이해하는 데 도움이 될 수 있습니다. 다른 가족 구성원들도 별도의 활동지에 답변을 적을 수 있어요.

부모 카드

감정	무엇 때문이었나요?	어떻게 표현/반응했나요?

아동 카드

감정	무엇 때문이었나요?	어떻게 표현/반응했나요?

다양한 감정 무지개

여러분이 느끼는 다양한 감정들이 마치 무지개와 같다고 상상해 보세요. 여러분은 하루 동안에도 다양한 감정들을 느낄 수 있고, 각각의 경험은 모두 독특합니다. 무지개의 색깔마다 그 색깔과 어울리는 감정을 적어 보고, 그 색을 색칠해 보세요. 예를 들어, 빨간색은 화가 나거나, 힘이 넘치는 것을 상징할 수 있습니다. 노란색은 행복과 같은 좀 더 긍정적인 감정을 나타낼 수 있습니다. 맞는 답과 틀린 답이 없다는 점을 기억하세요.

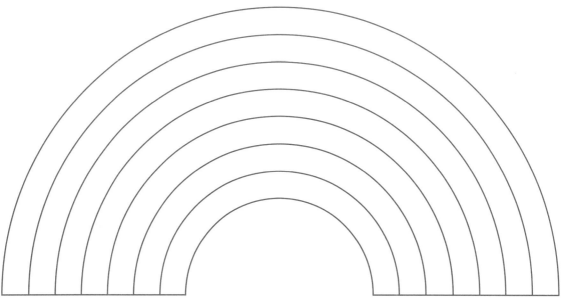

어디서 또는 언제 이런 감정을 느끼나요?

빨간색 감정: _____

주황색 감정: _____

노란색 감정: _____

초록색 감정: _____

파란색 감정: _____

남색 감정: _____

보라색 감정: _____

감정 주사위

'감정 주사위'는 부모와 자녀가 함께 감정 찾기를 연습하는 재미있는 방법입니다. 먼저, 다음 페이지에 나오는 주사위 면들과 감정들을 색칠하세요. 그런 다음 주사위의 윤곽을 자르고, 테이프나 풀로 붙여 주사위 모양을 만듭니다. 이제 감정 주사위 놀이를 시작합니다.

주사위를 굴려서 나온 감정을 표현해 보세요. 그 감정을 느낄 때 나타나는 얼굴 표정과 신체적 버릇을 사용해 보세요. 사람들이 감정을 표현하는 방식에서 어떤 차이가 있는지에 대해서도 이야기해 보세요. 얼굴 표정과 몸의 움직임에서 어떤 차이를 보이나요?

감정 주사위 도면

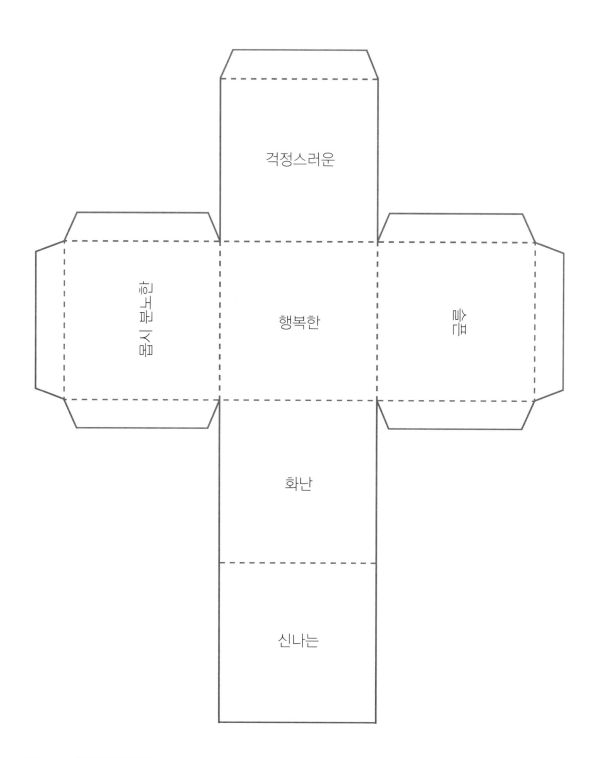

걱정스러운

부끄러운

행복한

슬픔

화난

신나는

나의 감정들

여러분은 언제 행복하고, 슬프고, 당황스러움을 느끼나요? 다음 문장을 완성해 보세요. 적어도 한 명 이상의 가족과 함께 이 활동을 해 보세요(다른 가족은 별도의 활동지를 사용합니다). 이제 서로의 답변을 비교해 봅니다. 같은 답변이 몇 개인가요? 어떤 답변이 가장 다른가요?

나는 _____ 때 행복해요.

나는 _____ 때 슬퍼요.

나는 _____ 때 혼란스러워요.

나는 _____ 때 화가 나요.

나는 _____ 때 자랑스러워요.

나는 _____ 때 사랑받는다고 느껴요.

나는 _____ 때 질투가 나요.

나는 _____ 때 흥분하게 돼요.

나는 _____ 때 인정받는다고 느껴요.

나는 _____ 때 바보 같다고 느껴요.

나는 _____ 때 미안해요.

나는 _____ 때 강하다고 느껴요.

나는 _____ 때 당황스러워요.

나는 _____ 때 신뢰감을 느껴요.

나의 감정 느껴 보기

Jeff는 화가 나면, 주먹을 꽉 쥐고, 얼굴이 빨개집니다. Jane은 행복할 때, 미소를 짓고 차분함을 느낍니다. 사람들은 각기 다른 방식으로 감정을 경험합니다. 여러분의 몸은 감정에 어떻게 반응하나요? 어떤 감정에 대한 우리 몸의 반응을 이해하는 것은 우리의 반응을 인식하고 대처 기술을 사용하는 데 도움을 줄 수 있습니다. 다음 신체 그림에서 색연필, 매직펜 또는 크레파스를 사용하여 행복, 슬픔, 분노, 두려움, 좌절감 또는 자신감이 느껴지는 곳을 표시해 보세요. 밑에 나와 있는 감정들이나, 그 외 여러분이 느끼는 감정에 따라 각각의 색으로 칠해 보세요. 감정은 몸의 여러 곳에서 느낄 수 있기 때문에 색깔이 겹쳐져도 괜찮아요.

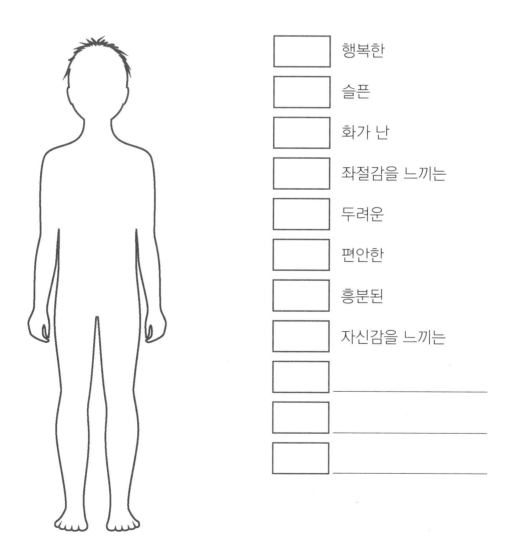

☐ 행복한

☐ 슬픈

☐ 화가 난

☐ 좌절감을 느끼는

☐ 두려운

☐ 편안한

☐ 흥분된

☐ 자신감을 느끼는

☐ _____

☐ _____

☐ _____

감정 온도계

여러분의 몸은 다양한 방식으로 감정에 반응합니다. 자, 그럼 차분한 감정부터 시작할까요? 여러분은 차분한 감정을 어떻게 표현하는지 생각해 보세요. 각 감정의 색을 고른 다음, 온도계 눈금에 맞게 각각 표시해 보세요. 이 온도계는 감정 단어를 찾기 어려울 때 감정을 전달할 수 있는 시각 자료로 활용할 수 있어요.

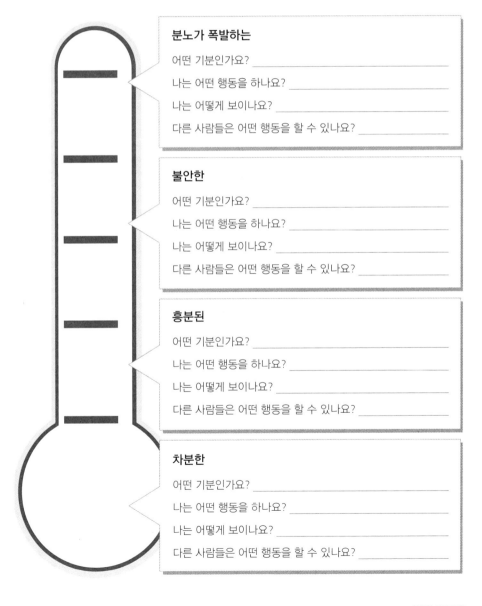

분노가 폭발하는

어떤 기분인가요? _____

나는 어떤 행동을 하나요? _____

나는 어떻게 보이나요? _____

다른 사람들은 어떤 행동을 할 수 있나요? _____

불안한

어떤 기분인가요? _____

나는 어떤 행동을 하나요? _____

나는 어떻게 보이나요? _____

다른 사람들은 어떤 행동을 할 수 있나요? _____

흥분된

어떤 기분인가요? _____

나는 어떤 행동을 하나요? _____

나는 어떻게 보이나요? _____

다른 사람들은 어떤 행동을 할 수 있나요? _____

차분한

어떤 기분인가요? _____

나는 어떤 행동을 하나요? _____

나는 어떻게 보이나요? _____

다른 사람들은 어떤 행동을 할 수 있나요? _____

양육 감정 온도계

부모는 가족의 욕구를 지원하고 도우려 할 때 자신의 감정은 종종 간과하게 됩니다. 효율적인 부모가 되기 위해서는, 자신의 한계를 인식하고, 자신을 힘들게 하는 사건들에 대처하기 위한 전략들을 찾아야 합니다. 차분한 감정부터 시작하여 온도계 위쪽으로 탐색해 보세요. 당신은 자녀를 양육하면서 겪는 가장 큰 어려움이 있을 때, 당신의 감정적 반응을 줄이기 위해 무엇을 할 수 있나요? 이 온도계를 사용하여 당신이 어떻게 느끼는지, 그리고 서로를 도울 수 있는 방법들에 관해 가족 구성원들과 함께 이야기해 보세요.

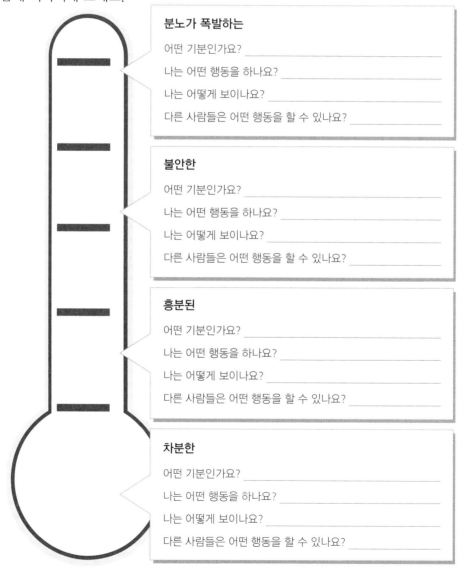

분노가 폭발하는

어떤 기분인가요? _____

나는 어떤 행동을 하나요? _____

나는 어떻게 보이나요? _____

다른 사람들은 어떤 행동을 할 수 있나요? _____

불안한

어떤 기분인가요? _____

나는 어떤 행동을 하나요? _____

나는 어떻게 보이나요? _____

다른 사람들은 어떤 행동을 할 수 있나요? _____

흥분된

어떤 기분인가요? _____

나는 어떤 행동을 하나요? _____

나는 어떻게 보이나요? _____

다른 사람들은 어떤 행동을 할 수 있나요? _____

차분한

어떤 기분인가요? _____

나는 어떤 행동을 하나요? _____

나는 어떻게 보이나요? _____

다른 사람들은 어떤 행동을 할 수 있나요? _____

좌절감 온도계

온도계는 감정 단어를 찾기 어려울 때 여러분의 감정을 표현하는 데 도움이 되는 도구입니다. #1부터 시작해 보세요. 여러분은 언제 매우 편안함을 느끼나요? 편안함을 느끼게 하는 활동들을 적어보세요. 압도되어 어찌할 바를 모르는 상태인 #5까지 온도계 위로 올라가며 적어 보세요. 자, 이제 온도계의 각 눈금을 나타낼 색을 선택합니다. 여러분은 집에서 자신의 감정을 표현하는 데 이 온도계를 사용할 수 있습니다.

5 나는 어찌할 바를 모르겠어요. 여기서 벗어나고 싶어요!

_____

_____

4 나는 매우 불편한 느낌이 들어요. 도움이 필요해요.

_____

_____

3 나는 어렵다고 느끼지만 해낼 수 있어요.

_____

_____

2 나는 편안한 느낌이 들어요. 할 수 있어요.

_____

_____

1 나는 매우 편안한 느낌이 들어요. 아무 걱정이 없어요.

_____

_____

감정의 한계 인식하기

여러분이 옷을 바닥에 그냥 놔두는 행동이 엄마를 짜증나게 할 수 있지만, 여러분은 그게 아무렇지도 않을 수 있어요. 다음 표에 여러분이 각각의 감정을 느끼게 만드는 두 가지 예(촉발하는 사건)를 적어 보세요. 이 활동지는 감정을 찾아내고 그에 대한 대처 전략 목록을 만드는 데 활용할 수 있어요.

매우 화가 난

1. _____
2. _____

화가 난

1. _____
2. _____

좌절감을 느끼는

1. _____
2. _____

짜증난

1. _____
2. _____

차분한

1. _____
2. _____

연결고리 만들기

감정, 생각, 행동은 연결되어 있어요. 예를 들어, 여러분은 행복감을 느낄 때, "나는 이것을 할 수 있어!"와 같은 긍정적인 생각을 하고, 여러분의 몸은 차분하고 느긋해지죠. 하지만, 여러분이 화가 났을 때는 "나는 이것을 할 수 없어!"와 같이 부정적인 생각을 하고, 몸은 피곤함을 느낄 수 있어요.

1부: 감정과 생각 연결하기

다음의 감정과 생각의 목록을 살펴보고, 생각과 감정을 연결해 보세요. 어떤 감정들은 겹칠 수도 있지만 괜찮아요. 필요하다면, '감정'과 어울리는 다른 '생각'을 떠올려 볼 수 있어요.

감정	생각
행복한 •	• 다른 사람들이 나를 어떻게 생각할지 두려워요.
걱정스러운 •	• 오늘 하루는 정말 최고예요!
화가 난 •	• 너무 긴장되는 것 같아요!
슬픈 •	• 이건 불공평해요!
무서운 •	• 이런 일이 일어나다니 믿을 수가 없어요!
당황스러운 •	• 너무 우울하고, 몸이 축 처지는 것 같아요.
충격을 받은 •	• 다음에 무슨 일이 일어날지 두려워요.

2부: 감정과 신체 느낌 연결하기

각 사람은 다 다르기 때문에, 우리 몸은 다양한 방식으로 감정을 경험할 수 있어요. 다음 네모 칸에 있는 감정과 신체적 느낌을 연결해 보세요.

감정	신체 느낌
행복한 •	• 심장이 빨리 뛰어요.
걱정스러운 •	• 얼굴이 빨개졌어요.
화가 난 •	• 속이 뒤틀리거나, 배가 아파요.
슬픈 •	• 얼굴에 미소가 지어져요.
무서운 •	• 눈에 눈물이 맺혀요.
당황스러운 •	• 호흡이 빨라져요.
충격을 받은 •	• 손바닥에 땀이 나요.

3부: 감정과 행동 연결하기

다음 표에 나와 있는 반응이나 행동에 어울리는 감정을 골라 보세요. 만약 여러분이 슬플 때 사람들과 다른 식으로 행동한다면 그 반응도 적어 주세요. 여기에는 맞는 답이나, 틀린 답이 없어요.

감정	행동
행복한 ●	● 손으로 얼굴을 가리기
걱정스러운 ●	● 느긋해지기
화가 난 ●	● 산만해지기
슬픈 ●	● 소리지르기
무서운 ●	● 내 방에서 울기
당황스러운 ●	● 엄마나 아빠에게 매달리기
충격을 받은 ●	● _____

감정, 생각, 신체 반응 연결하기

감정은 우리의 몸과 생각에 다양한 반응을 만들어 냅니다. 여러분을 행복하게 하거나 화나게 하는 것은 엄마, 아빠, 형, 동생, 혹은 친구와 다를 수 있어요. 또한 감정에 대한 반응도 사람마다 다를 수 있어요. 감정의 표현, 생각 그리고 감정과 연결된 신체 반응을 이해하는 것은 여러분의 감정을 일으키는 요인들을 찾고, 부정적인 생각을 줄이는 데 도움이 됩니다.

차분한

나는 _____ 때 차분해요.

내가 차분할 때, 나는 _____ 라는 생각을 해요.

내가 차분할 때, 내 몸의 느낌은 _____ 요.

행복한

나는 _____ 때 행복해요.

내가 행복할 때, 나는 _____ 라는 생각을 해요.

내가 행복할 때, 내 몸의 느낌은 _____ 요.

화가 난

나는 _____ 때 화가 나요.

내가 화가 날 때, 나는 _____ 라는 생각을 해요.

내가 화가 날 때, 내 몸의 느낌은 _____ 요.

슬픈

나는 _____ 때 슬퍼요.

내가 슬플 때, 나는 _____ 라는 생각을 해요.

내가 슬플 때, 내 몸의 느낌은 _____ 요.

좌절감을 느끼는

나는 _____ 때 좌절감을 느껴요.

내가 좌절감을 느낄 때, 나는 _____ 라는 생각을 해요.

내가 좌절감을 느낄 때, 내 몸의 느낌은 _____ 요.

'나' 전달법

'나' 전달법은 상대방에 대한 비난이나 부정적인 말을 하지 않고 여러분의 감정을 전달하는 건설적인 방법이에요. '나' 전달법은 다른 사람(친구 또는 가족)이 다음에 여러분에게 어떻게 얘기하면 좋을지에 대한 피드백을 제공하기 때문에 부정적인 감정을 줄일 수 있어요. 다음 상황들을 보면서 '나' 전달법을 연습해 보세요. 각 상황에서 여러분은 어떻게 느끼는지, 왜 그런지 그리고 앞으로 그 상황을 어떻게 다룰 것인지에 대해 말해 보세요.

나는 <u>네가 내 옷장에서 옷을 가져갈</u> 때 <u>화가 나</u>.

다음에는 <u>옷을 가져가기 전에 내 옷을 빌려달라고 물어봐 줄래</u> ?

상황: 동생이 묻지도 않고 내 옷을 빌려갔어요.

'나' 전달법:

상황: 나는 방금 친구들이 나만 초대하지 않고 자기들끼리 영화관에 갔다는 것을 알게 되었어요.

'나' 전달법:

상황: 부모님이 바닥에 있는 내 옷을 보시고 방 좀 치우라고 나에게 소리를 지르세요.

'나' 전달법:

상황: 일정이 변경되어서 이번 주말에 친구들을 초대할 수 없다는 말을 방금 들었어요.

'나' 전달법:

감정 폭발 대처 기술

부모와 아동은 모두 감정의 한계에 대해 알고 있어야 합니다. 감정의 온도를 낮추고 감정이 폭발하는 것을 막는 방법에 대해 함께 가족 계획을 세워 보세요. 감정이 폭발하기 전에 스스로를 진정시키기 위해 어떠한 예방 조치나 차분하게 만들 수 있는 전략들이 있을까요? 감정이 폭발하기 전에 대처하는 것이 감정이 폭발한 이후에 대처하는 것보다 훨씬 더 도움이 된다는 사실을 기억하세요!

가벼운 문제	보통의 문제	심각한 문제
예시	예시	예시
부모의 대처 기술	부모의 대처 기술	부모의 대처 기술
아동의 대처 기술	아동의 대처 기술	아동의 대처 기술

감정 추적하기 도구들

일기 쓰기와 감정 추적하기는 부모와 아동이 다양한 감정을 일으키는 요인들과 행동의 패턴을 이해하는 데 도움을 줄 수 있습니다. 좀 더 힘들었던 날이나 주, 또는 어떤 사건들이 있었나요? 아동의 감정에 대한 정보를 모으는 것은 부모로서 아동을 이해하는 데 도움이 됩니다. 아동의 주치의나 학교 교사, 또는 심리치료사/상담사와 같은 서비스 제공자들과 함께 정보를 공유하는 것이 중요합니다.

아동-
부모용
활동지

생각과 감정 일지

걱정이나 부정적인 생각을 아동 스스로 인식하는 것은 어려울 수 있습니다. 아동과 함께 행동을 일
으키는 요인들과 행동의 패턴을 찾아보세요. 부정적인 생각이나 반복되는 생각이 나타날 때, 그 상
황을 적어 보세요. 아동에게 그 상황에서 어떤 감정을 느꼈는지, 부정적인 감정이나 걱정으로 인해
어떤 일이 일어났는지에 대해 이야기해 보도록 합니다. 그리고 부모님들은 그 감정이 얼마 동안 지
속되었고 그 결과 어떤 일이 일어났는지 적어 보세요. 예를 들어, 걱정 때문에 아동이 기회를 놓치
지는 않았나요? 아동은 부정적인 감정을 극복할 수 있었나요?

사건	부정적인 생각 또는 걱정	감정 (정서적 또는 신체적)	얼마나 오랫동안 감정이 지속되었는가?	결과 (사건 이후)
깜짝 수학 퀴즈	"나는 퀴즈에 통과 하지 못할 거야." "나는 할 수 없어."	긴장 심박수 증가 땀이 남	5분	긴장해서 퀴즈를 시작하는 데 몇 분 이 걸렸음. 다시 집중해서 질문에 대답할 수 있었음.

생각과 감정 일지　**57**

주별 감정 기록표

매일 잠시 시간을 내어 여러분의 기분을 되돌아보세요. 주중에 어떤 변화나 패턴이 있었나요? 어떤 일들이 가장 좋은 기분을 느끼게 했나요(예: 친구 모임, 스포츠, 가족 시간 등)? 어떤 일들이 스트레스나 걱정을 느끼게 했나요(예: 학교 공부, 친구 관계 등)? 하루의 전체 기분 점수를 1점(어찌할 바를 모르는, 끔찍한, 재미없는)에서 5점(기막히게 좋은, 흥분되는, 행복한)까지 중에 매겨 보세요. 그런 다음 하루 중 기분의 최고점과 최저점을 적어 보세요. 목표는 최저점보다 최고점이 더 많은 것입니다. 부모님과 함께 표를 보면서 긍정적인 감정과 부정적인 감정에 대해 이야기해 보세요.

이 '감정 기록표' 활동지는 자신의 감정을 전달할 수 있는 연령의 아동을 대상으로 합니다. 그러나, 어린 아동도 부모님과 함께 이 활동지를 사용할 수 있으며, 부모님께서는 아동이 하루 동안 기분의 차이를 생각해 볼 수 있도록 도울 수 있습니다.

	하루 동안의 기분 점수	최고의 감정은?	최저의 감정은?
월요일			
화요일			
수요일			
목요일			
금요일			
토요일			
일요일			

행동 일지

다음 표를 사용해서 문제 행동을 기록해 보세요. 어떤 일이 일어났는지, 언제 그 일이 일어났는지, 누가 그 일에 관여했는지, 그 일이나 행동의 강도는 어떤지(1부터 5까지)가 포함되어야 합니다. 1= 그 사건/행동은 약간, 5=그 사건/행동은 극도로. 기록을 하는 것은 부정적인 행동의 패턴을 찾는 데 도움이 되며, 부정적인 행동을 예방하거나 줄이는 데 도움이 됩니다.

시간	사건/행동의 강도	설명 (사건 이전, 사건이 일어나는 동안, 사건 이후 무슨 일이 있었나요? 누가 그 사건에 관여했나요?)	추가적인 내용

부주의한 행동–결과 기록지

언제 아동의 행동이 나타나는지, 그러한 행동은 아동의 삶에 어떻게 영향을 미치는지에 대한 정보를 모은다면, 부모가 아동을 위한 전략을 세우는 데 도움이 될 수 있습니다. 이 활동지를 통해 아동이 언제 부주의한지 찾아보세요. 아동은 하루 중 언제 가장 부주의한가요?(예: 아침, 오후, 저녁) 아동은 어떤 활동을 하고 있었나요?(예: 등교 준비, 숙제 시간 등) 그리고 마지막으로, 부주의한 행동의 결과는 무엇인가요?(예: 아침에 버스를 놓침, 숙제를 마치지 못함)

하루 중 시간	활동	결과

나의 긍정생각 일기

부정적인 생각이 들 때, 그것을 적어 보세요. 그런 다음, 부정적인 생각을 긍정적인 생각으로 바꾸어 보세요. 긍정적인 생각을 떠올리는 게 어렵다면, 나에게 믿을 수 있는 가족에게 도움을 요청하세요. 예를 들어, "나는 이 시험을 망칠 거야."와 같이 무엇인가가 불가능하다는 생각이 든다면, "매일밤 조금씩 공부한다면 이 시험을 통과할 수 있어."와 같은 긍정적인 생각으로 바꿔 볼 수 있어요.

요일	부정적인 생각	긍정적인 생각
이요이	예시: 뭔가 나쁜 일이 일어날 거야.	예시: 나는 …를 기대하고 있어….

제 3 장

사회적 기술 지원하기

다른 사람들의 다양한 생각과 의견을 인식할 수 있다면, 의사소통 능력이 향상되고, 친사회적이며 사려 깊은 사람으로 성장할 수 있습니다. 당신의 자녀는 효과적으로 의사소통하고 있나요? 당신의 자녀는 생산적이고 의미 있는 방식으로 다른 사람들과 상호작용할 수 있나요?

다음과 같은 특징을 보인다면 효과적으로 의사소통하는 데 어려움이 있을 것입니다.

- 대화를 독점하기
- 관련이 없거나 부적절한 이야기하기
- 자신의 의견만 고집하기
- 감정과 행동/반응을 연결 지을 수 없음
- 직접 듣지 않으면, 대화 내용 속 정보를 추론할 수 없음
- 오해가 생겼을 때 정보를 다시 고쳐 말하거나 수정할 수 없음
- 이야기하거나 다시 말하기 어려움, 주요 정보 누락
- 비언어적 의사소통 신호들을 이해하지 못함

아동이 성장함에 따라 친구나 성인과 말할 때 대화 규칙들을 이해하고 따르게 됩니다. 그러나 위와 같은 어려움이 있는 경우 또래들과의 상호작용은 아동으로 하여금 혼란스럽고 좌절감을 느끼도록 만듭니다. 이 장은 이러한 기술들을 지원하기 위한 것입니다.

내 자녀의 사회적 의사소통 능력은?

자녀의 사회적 의사소통 능력을 평가해 보세요. 아동이 친구들, 그리고 다른 성인들과 어떻게 상호작용하는지 생각해 보세요. 아동의 사회적 의사소통 능력을 가장 잘 설명하는 칸에 체크(✓)하세요.

	내 아이는 이것을 매우 잘한다!	내 아이는 이것에 도움이 필요하다.	내 아이에게 이것은 매우 어렵다.
1. 친구들이 성인들과 이야기할 때. 더 말할 것이 있어도 다른 사람들이 말하도록 양보한다.			
2. 사람들이 아동이 별로 관심이 없는 것에 대해 이야기할 때. 아동은 여전히 주의를 기울이고 질문을 하려고 노력한다.			
3. 대화 중에 주제에 집중할 수 있다.			
4. 언제 도움이 필요한지 알며. 친구나 신뢰할 수 있는 성인에게 도움을 요청할 수 있다.			
5. 이야기를 할 때 이야기가 잘 이해되도록 항상 배경 설명을 한다.			
6. 다른 사람의 감정을 상하게 하지 않기 위해 말을 하기 전 할 말에 대해 생각한다.			
7. 사람들마다 의견이 다르다는 것과 친구들이나 성인들이 꼭 자신의 의견에 동의할 필요가 없다는 것을 이해한다.			
8. 의사소통할 때 다른 사람의 비언어적 정보를 읽을 수 있다. 상대방의 얼굴 표정과 보디랭귀지를 통해 상대방이 계속 말하고 싶은 것인지 아니면 대화를 끝낼 때인지 안다.			

자신의 응답과 자녀의 응답을 검토한 다음, 공통적인 강점과 약점을 표시하십시오.

사회적 의사소통 시 강점	사회적 의사소통 시 약점
• _____	• _____
• _____	• _____

또래 및 다른 사람들과의 상호작용 능력을 증진시키기 위해 노력할 부분들:

_____

나의 사회적 의사소통 능력은?

이 활동지에서 여러분은 자신의 사회적 의사소통 능력을 평가해 볼 거예요. 가정과 사회에서 친구들 그리고 가족과의 상호작용에 대해 생각해 보세요. 솔직하게 나의 모습을 가장 잘 설명하는 칸에 체크(✓)하세요.

	나는 이것을 매우 잘한다!	나는 이것에 도움이 필요하다.	나에게 이것은 매우 어렵다.
1. 나는 친구들이나 어른들과 이야기할 때, 내가 더 말할 것이 있어도 다른 사람들이 말하도록 양보한다.			
2. 사람들이 내가 별로 관심이 없는 것에 대해 이야기할 때도 나는 여전히 주의를 기울이고 질문을 하려고 노력한다.			
3. 나는 대화 중에 주제에 집중할 수 있다.			
4. 나는 언제 도움이 필요한지 알며, 친구나 신뢰할 수 있는 어른에게 도움을 요청할 수 있다.			
5. 나는 이야기를 할 때 이야기가 잘 이해되도록 항상 배경 설명을 한다.			
6. 나는 다른 사람의 감정을 상하게 하지 않기 위해 말을 하기 전 할 말에 대해 생각한다.			
7. 나는 사람들마다 의견이 다르다는 것과, 친구들이나 어른들이 꼭 내 의견에 동의할 필요가 없다는 것을 이해한다.			
8. 나는 의사소통할 때 다른 사람의 비언어적 정보를 읽을 수 있다. 상대방의 얼굴 표정과 보디랭귀지를 통해 상대방이 계속 말하고 싶은 것인지 아니면 대화를 끝낼 때인지 안다.			

여러분의 답변을 바탕으로 자신의 강점과 약점을 찾아보세요.

다른 사람과 의사소통할 때 나의 강점	다른 사람과 의사소통할 때 나의 약점
• _____ • _____ • _____	• _____ • _____ • _____

나의 얼굴 표정과 보디랭귀지 읽기

얼굴 표정과 보디랭귀지는 감정에 따라 자주 바뀌어요. 그래서 이것은 우리가 다른 사람들과 얼마나 잘 의사소통할 수 있는지에 영향을 미쳐요. 얼굴 표정과 보디랭귀지를 알고 잘 조절하면 좀 더 효과적으로 의사소통할 수 있어요.

매우 강한 감정을 느꼈던 때를 생각해 보세요. 그 때 무슨 일이 있었는지, 어떤 느낌이었는지 적어 보세요. 보디랭귀지와 얼굴 표정이 상호작용에 미쳤던 영향을 살펴보기 위해 다음 워크시트에 적어 보세요.

어떤 일이 일어났고, 내 기분은 어떠했나요?	나의 얼굴 표정은 어떠했나요? 그려 보세요.	나의 보디랭귀지는 무엇이었나요?	다른 사람들은 나를 봤을 때 무슨 생각을 했을까요?	나는 어떻게 다르게 행동할 수 있을까요?

나의 의사소통 대상들은 누구?

아동-
부모용
활동지

우리는 대면이나 문자, 이메일, 소셜 미디어(SNS) 등 다양한 방식으로 의사소통합니다. 의사소통하는 사람들의 수가 늘어났기 때문에, 나에게 친구들이 많은 것처럼 느껴질 수도 있습니다.

자녀의 의사소통 대상들을 다음 유형에 따라 자녀와 함께 작성해 보세요(친구, 아는 사람, 일상에서 마주치는 상대, 낯선 사람).

친구	아는 사람	일상에서 마주치는 상대	낯선 사람
나와 정기적으로 함께 시간을 보내는 사람들입니다. 서로를 위하고, 서로를 신뢰합니다. 그들은 나를 소중히 여기며 지지합니다. 무언가 나누고 싶을 때 가장 먼저 연락하는 사람들입니다.	규칙적으로 만나고 함께 시간을 보내는 사람들입니다. 나는 그들을 알긴 하지만 아주 잘 알지는 못합니다. 비밀을 공유하거나 부탁하는 것이 불편할 수 있습니다.	매일 보며 편하게 인사를 나누는 사람들입니다. 나는 그들을 잘 모르지만. 규칙적으로 만나는 경우도 있습니다.	실제로 만난 적이 없는 사람입니다. 나는 채팅방 또는 소셜 미디어(SNS)에서 만났고, 그들에 관해 알지 못합니다.

친구 수락 또는 거절?

종종 다양한 소셜 미디어에서 팔로워가 많을수록 친구가 더 많고, 인기가 더 있는 것처럼 보입니다. 때문에 아동들은 소셜 미디어에서 성급하게 새로운 친구들과 팔로워들을 수락하기도 합니다. 그들이 나에 관한 정보들에 접근하도록 할 것인지에 대해서는 생각해 보지 않고 말이죠.

자녀와 함께 다음의 친구 요청을 수락할 것인지, 아니면 거절할 것인지 이야기해 보세요.

야! 나는 지난 4년 동안 너와 같은 반이었고, 방과 후와 주말에 같이 놀았어.	**친구의 요청을 수락할 것인가?** ☒ [수락] [거절]

난 너의 친구 5명을 팔로우하지만 실제로 만난 적은 없어. 근데 나는 네 사진들이 좋아.	**친구의 요청을 수락할 것인가?** ☒ [수락] [거절]

우리는 지난주에 만났고 몇 번 문자를 보냈어. 다시 만날 수 있기를 기대해.	**친구의 요청을 수락할 것인가?** ☒ [수락] [거절]

야! 뭐해? 사진들 멋진데! 너도 나 팔로우해도 돼.	**친구의 요청을 수락할 것인가?** ☒ [수락] [거절]

안녕! 이모야! 네가 올리는 것 빨리 보고 싶다!	**친구의 요청을 수락할 것인가?** ☒ [수락] [거절]

새로운 것 배우기: 성인 인터뷰

때때로 우리는 사람들과 이야기할 때 **우리가** 원하는 것과 **우리가** 필요한 것에 집중해요. 우리는 상대방에 대해, 또는 상대방의 관심사에 대해 생각하지 않아요.

여러분이 더 알고 싶은, 신뢰할 수 있는 성인 한 사람을 골라 보세요. 인터뷰 시간을 잡아서 다음의 질문들과 여러분이 궁금한 2~3개의 질문들을 해 보세요. 여러분이 알게 된 것들을 생각해 보세요.

당신이 좋아하는 노래는 무엇입니까? 이유는?

자랄 때 당신의 가장 친한 친구는 누구였습니까? 그 친구와 무엇을 했습니까?

당신이 꿈꿨던 직업은 무엇입니까?

만약에 당신이 TV를 본다면, 무엇을 볼 건가요?

당신을 항상 행복하게 하는 것은 무엇입니까?

이 인터뷰에서 새롭게 알게 된 것은 무엇인가요?

_____
_____
_____
_____

정보가 어떻게 대화 중 여러분에게 도움이 되었나요? (힌트, 이야기 주제들에 대해 생각해 보세요.)

_____
_____
_____
_____

대화의 요점 파악하기

모든 의사소통에는 목적이 있어요. 대화의 요점을 알면 좀 더 의사소통을 잘 할 수 있게 됩니다. 하루 동안 대화한 사람들을 떠올려 보세요. 다음 표에 여러분이 누구와 이야기했는지, 그리고 대화의 요점이 무엇이었는지 적어 보세요. 대화의 목적을 아는 데 도움이 될 만한 다음의 단어들을 활용해 보세요.

설득하기(확신시키기)	이야기 공유
(정보)알리기	요청/부탁
안부인사	약속("나는 ……할 거야.")

나는 누구와 이야기했나요?	대화의 요점이 무엇이었나요?

여러분은 대화에서 어떤 목적을 가장 많이/적게 사용했나요?

"오늘 어때?" vs. "무슨 일이야?"

우리는 누구와 대화하느냐에 따라 다르게 말합니다. 어떤 상황에서 무엇을 말해야 할지 옳은 선택을 하는 것은 여러분의 의사소통 능력을 보여 줍니다.

다음 몇 가지 시나리오가 있습니다. 아동과 함께 각 상황에서 어떻게 인사할지, 그리고 대화를 시작하기 위해 어떤 질문(2개)을 할지 정해 보세요. 어떻게 말할지 그대로 적어 보세요.

시나리오	인사	질문
1. 여러분은 가장 친한 친구를 극장에서 보았습니다. 친구는 가족과 함께 있습니다.		
2. 마트에서 코치 선생님이 여러분 앞에 줄 서 있는 것을 보았습니다.		
3. 선생님이 교장선생님과 대화 중이십니다. 그런데 여러분은 납득할 수 없는 점수에 대해 그들과 이야기를 해야 합니다.		
4. 여러분의 친구가 내가 모르는 몇몇 사람들과 놀고 있는 것을 보았습니다.		
5. 우리 가족이 아는 분들이 저녁 식사 때 방문할 것입니다. 나는 그들을 잘 모르지만, 몇 번 만난 적이 있습니다.		
6. 방과 후에 한 친구를 만났습니다.		

여러분이 왜 앞의 인사와 질문을 선택했는지 생각해 보세요. 그리고 여러분이 쓴 것을 부모님과 나누고 여러분과 의견이 같은지 다른지 이야기해 보세요.

자신감과 신뢰감 쌓기

효과적인 의사소통의 중요한 요인은 우리가 상호작용하는 사람들에 대한 믿음과 자신감을 갖는 것이에요. 그러한 믿음을 쌓기 위해, 우리는 모든 상호작용에서 매번 무언가를 **얻기**를 기대할 수는 없다는 사실을 알아야 해요. 우리는 다른 사람들이 무엇에 대해 이야기하기를 원하는지 생각하고, 시간을 내어 다른 사람들의 하루에 대해 물어보고, 또 칭찬을 해 주는 등 상호작용에서 **주는 것**도 필요합니다.

지난주에 누군가와 대화했던 시간들을 생각해 보세요. 누구와 이야기했는지, 여러분이 얻은 것은 무엇이고, 여러분이 준 것은 무엇인지 적어 보세요. 다음의 단어들을 사용하면 도움이 될 거예요.

여러분이 얻은 것	
알리기	요구하기
요청하기	약속하기

여러분이 준 것	
칭찬하기	안부인사하기
이야기 나누기	다른 사람들에 대한 생각하기

누구와 이야기했나요?	무엇을 얻었나요?	무엇을 주었나요?

여러분이 좀 더 많이 배려하는 혹은 좀 덜 배려하는 대화 상대가 있나요? 어떻게 바꿀 수 있을까요?

그건 무례한 일이야!

우리가 바라는 만큼 모든 사람이 항상 친절한 것은 아니에요. 때때로 사람들은 매우 예의 없는 행동을 하기도 합니다. 무례한 사람에게 똑같이 무례하게 대할 수도 있겠지요. 그러나 그렇게 되면 결국 무례한 행동을 계속 주고받게 되기 때문에 결국 그 사람과 긍정적인 경험을 갖기 어려워집니다. 따라서 사람들이 나에게 무례하게 행동할 때 우리는 어떻게 반응할지 생각해 봐야 합니다.

사람들이 왜 무례한 행동을 하는지 생각해 보고, 다음 박스에 적어 보세요.

자, 이제 누군가가 여러분이 생각하기에 예의 없다고 생각되는 말이나 행동을 했다고 생각해 보세요. 그런 다음, 여러분도 똑같이 예의 없게 대하는 것 대신에 어떻게 긍정적인 상호작용을 할 수 있는지 생각해 보세요.

무례한 말/행동	여러분이 할 수 있는 말이나 행동은?

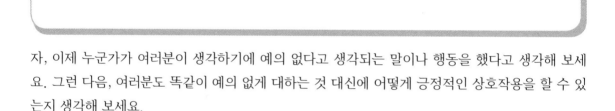

나의 가장 친한 친구가 오늘 급식실에 처음 보는 어떤 아이와 함께 앉아 있었는데 나를 못 본 척 했어요.

그들을 무시하거나 삐죽거리는 대신, 그들에게 걸어가서 나를 소개하고, 같이 점심 먹어도 되는지 묻습니다.

새로운 것 배우기: 또래 인터뷰

때때로 우리는 사람들과 이야기를 할 때 **우리가** 원하는 것과 **우리가** 필요한 것에 집중해요. 우리는 상대방에 대해, 또는 상대방의 관심사에 대해 생각하지 않아요. 여러분은 이미 앞에서 신뢰할 수 있는 어른과 함께 이것을 연습했어요. 이제는 또래와 함께 연습을 해 볼 거예요. 여러분이 매일 상호작용하는 또래에 대해 아는 것도 중요해요. 이 활동은 또래들과 상호작용할 때 여러분이 그들의 관심사와 좋아하는 것을 고려할 수 있도록 하는 데 유용해요.

여러분이 좀 더 알고 싶은 친구를 한 명 골라 보세요. 인터뷰 시간을 잡아서 다음의 질문들과 여러분이 궁금한 2~3개의 질문들을 해 보세요. 여러분이 알게 된 것들을 생각해 보세요.

지금 네가 좋아하는
수업은 뭐야?

그동안 했던 것들 중 제일
재밌었던 것은 뭐니?

너는 친구들과 같이
뭐 하는 것을 좋아해?

오늘 저녁에는
뭐 먹고 싶어?

네가 인스타그램에서
팔로우하는 사람들 중
누가 최고야? 이유는?

이 인터뷰에서 새롭게 알게 된 것은 무엇인가요?

_____

_____

_____

이 정보가 어떻게 대화 중 여러분에게 도움이 되었나요? (이야기 주제들에 대해 생각해 보세요.)

_____

_____

_____

준비 단계

다양한 상황마다 우리가 어떻게 행동해야 하는지에 대한 규칙이나 기대가 있어요. 각 상황에서 이러한 규칙과 기대를 이해하는 것은 중요해요. 이러한 규칙을 따르게 되면 모두가 편안함을 느낄 수 있어요.

가족이나 친구와 함께 갔던 다양한 장소들을 떠올려 보세요. 먼저, 어디에서 무엇을 하는 상황인지, 그 상황에서 기대되는 행동은 무엇인지, 여러분은 모두가 편안하고 안전하게 느끼도록 어떻게 행동해야 하는지 적어 보세요. 그런 다음, 그 상황에서 기대되지 않은 행동은 무엇인지, 그러한 행동으로 인해 다른 사람들이 어떻게 느낄지 생각해 보세요.

나는 어디에 있나요? 나는 무엇을 하고 있나요?	이 상황에서 기대되는 행동	이 상황에서 기대되지 않는 행동	기대되지 않는 행동을 했을 때 다른 사람들이 느끼는 기분

액션!

감정을 조절하지 못했을 때에는 다른 사람들에게 영향을 미치게 됩니다. 따라서 감정 조절을 하기 위해서는 내 감정이 내가 말하는 것에 어떻게 영향을 미칠지, 그리고 내가 말하는 것이 상대방에게 어떻게 영향을 미칠지에 대해 생각하는 것이 중요합니다.

자녀와 함께 다음의 표를 작성해 보세요. 각 상황에서 느끼는 감정이 어떻게 말하도록 이끌지, 그에 대해 또래들은 또 어떻게 느끼고, 뭐라고 말할지 생각해 보세요.

상황	나는 _____ 을 느껴요.	나는 _____ 라고 말해요.	다른 사람들은 _____ 을 느껴요.	다른 사람들은 _____ 라고 말해요.
나는 방금 게임에 졌고, 코치가 나에게 이야기하려고 다가옵니다.	좌절감			
나는 시험에서 A를 받았는데, 친구는 낙제를 했어요.	흥분 자랑스러움			
방이 어질러져 있어서 숙제한 것을 찾을 수 없어요. 엄마는 나에게 방을 치우라고 말씀하세요.	스트레스 화 걱정			
친구들과 영화를 보러 갔는데, 표가 다 매진되었어요.	실망			
친구와 만나기로 했는데, 갑자기 마지막 순간에 계획을 취소한다는 연락이 왔어요.	슬픔 실망			

이런 상황들에서 여러분이라면 어떻게 감정을 조절할 건가요? 여러분은 뭐라고 이야기할 건가요?

입 밖으로 꺼내 말하기 vs. 마음속에 간직하기

여러분은 무언가를 입 밖으로 꺼내 말한 후 '말하지 말걸' 하고 후회한 적이 있나요? 누구나 어떤 생각이 들 때마다 순간순간 그것을 입 밖으로 꺼내 말할지 아니면 마음속에 간직할지를 결정해야 해요. 무언가를 입 밖으로 말할 때에는 그것이 아무리 사실이라 하더라도, 혹은 그것이 우리가 정말 믿고 있는 것이라 할지라도 누군가의 감정을 상하게 할 위험이 있어요.

입 밖으로 꺼내 말해야 하는 말과 속으로 간직해야 하는 말에 대해 생각하고 적어 보세요.

입 밖으로 꺼내 말해야 하는 말	마음속에 간직해야 하는 말
"네가 수업 시간에 한 말이 너무 흥미로워서, 생각해 보게 돼."	"와, 네가 수업에서 말한 것은 정말 이상했어. 나는 선생님이 그 말에 점수를 주신 걸 이해할 수 없어!"

마음속으로 간직해야 할 이야기를 입 밖으로 말했던 때를 생각해 보세요.

계획 세우기

계획을 세울 때에는 친구들의 관심사를 생각해야 해요. 또 가족과 부모님도 함께 할 수 있는지 생각해야 합니다. 우리가 계획을 나누고 허락을 요청하는 방식은 결국 친구들과 가족의 동의를 얻는 데 영향을 미칠 수 있어요.

하고 싶은 일을 적어 보세요. 친구들에게 여러분이 그들의 관심사도 고려하고 있다는 것을 보여 주려면 어떻게 질문하는 것이 좋을지 생각해 보세요. 부모님과는 어떻게 계획을 나눌지도 적어 보세요.

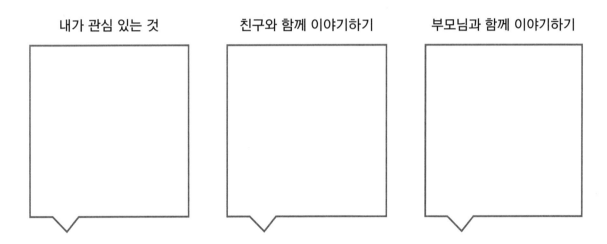

| 내가 관심 있는 것 | 친구와 함께 이야기하기 | 부모님과 함께 이야기하기 |

친구들과 이야기할 때 무엇을 고려해야 했나요? 부모님과 이야기할 때는 어땠나요? 다음 말풍선에 적어 보세요.

친구　　　　　　　　　　부모님

모든 관점 바라보기

사람들은 우리가 말하고 행동하는 것을 다양한 방식으로 바라볼 수 있어요. 우리는 우리 자신의 관점만 생각하지 말고 어떻게 다양한 관점들을 모두 고려해야 하는지 배워야 해요. 처음에는 어려울 수 있지만 꾸준히 연습하면 쉬워질 수 있습니다.

다음 오각형 안에 여러분이 말한 것이나 일어난 일을 적어 보세요. 다음 박스에는 그 사건을 바라보는 여러분 자신의 관점과 함께, 다른 네 명의 관점에서는 그 사건을 어떻게 해석할 수 있을 것인지 적어 보세요.

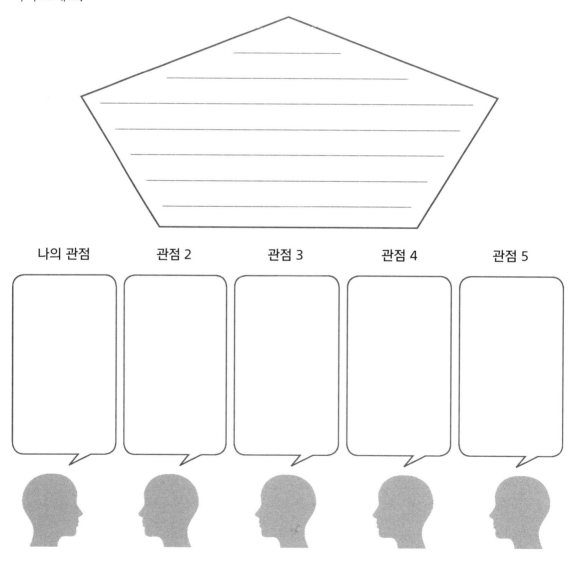

나의 관점   관점 2   관점 3   관점 4   관점 5

나의 생각, 너의 생각

집, 학교, 또는 여러분 주변에서 관점의 차이가 있었던 일들을 생각해 보세요. 상황을 적고, 여러분이 생각하고 있던 것을 적은 다음, 상대방은 무엇을 생각하고 있었던 것인지 생각해 보세요. 또 여러분이 어떻게 다르게 행동할 수 있을지 생각해 보세요.

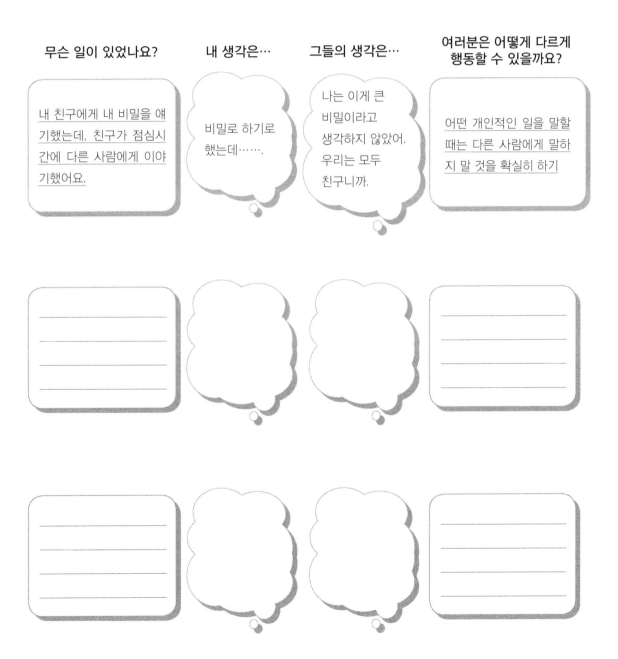

무슨 일이 있었나요?	내 생각은…	그들의 생각은…	여러분은 어떻게 다르게 행동할 수 있을까요?
내 친구에게 내 비밀을 얘기했는데, 친구가 점심시간에 다른 사람에게 이야기했어요.	비밀로 하기로 했는데…….	나는 이게 큰 비밀이라고 생각하지 않았어. 우리는 모두 친구니까.	어떤 개인적인 일을 말할 때는 다른 사람에게 말하지 말 것을 확실히 하기

영화에 비춰 보기: 영웅 그리고 악당

영화를 하나 고른 다음, 가족이나 친구 중 대화 상대를 선택하세요. 함께 영화를 본 다음, 적어도 두
명의 등장인물들이 나오는 한 장면을 선택하세요. 이때 여러분은 활동지를 가지고 있어야 합니다.
그 장면에서 두 등장인물들이 각각 생각하고 있는 것이 무엇인지, 그리고 왜 그 등장인물들이 그러
한 생각을 했는지 적어 보세요.

영화 제목:

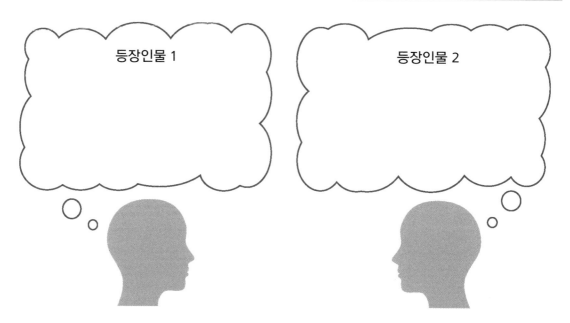

여러분의 생각과 상대방의 생각을 비교해 보세요. 무엇이 다른가요? 무엇이 같은가요?

나만의 만화 만들기

우리의 일상은 다양한 관점들을 취할 수 있는 기회들로 가득 차 있어요. 집이나 주변에서 일어나는 하나의 사건을 가지고 짧은 만화를 만들어 보세요. 여러분이 만든 만화에 등장하는 영웅은 모든 사람이 편안하고 안전할 수 있도록 하기 위해 어떻게 다른 사람들에 대해 생각하는지를 보여 줌으로써 '문제를 해결하고 궁지에서 벗어날 수 있을 것'입니다.

만화 1

만화 2

설득의 힘

상대방을 효과적으로 설득하기 위해서는 여러분이 상대방의 입장이 되어 보는 것이 필요해요. 이런 과정을 통해서 여러분의 주장에 대해 상대방이 어떻게 반응할 것인지 예상하여 적절한 반응 계획을 세울 수 있어요.

먼저 여러분이 원하는 것이 무엇인지 적은 후에, 그것을 주장하는 이유들을 나열해 보세요. 다음 열에는 여러분의 또래가 할 수 있는 질문이나 우려를 적고, 마지막 열에는 또래의 질문이나 우려에 대한 여러분의 답변을 적어 보세요.

내가 하고 싶은 것은 무엇인가요?

나의 주장에 대한 이유들	또래의 질문 또는 우려	나의 대답

제 **4** 장

인지 능력

인지 능력은 일상의 과제들을 생산적이고 체계적인 방식으로 완수하도록 하며, 예상치 못한 일이 발생할 때 새로운 사고를 할 수 있도록 돕습니다. 실행 기능을 기르면, 삶의 모든 영역에 적용할 수 있는 실제적인 추론 능력과 자기 관리 능력이 향상됩니다.

실행 기능에 어려움을 겪는 경우:

- 주의를 집중하기 어려움
- 실수를 인식하지 못함
- 어떤 일을 완수하기 위한 단계들을 구성할 수 없음
- 시간 관리의 어려움
- 문제에 대한 해결 대안들을 찾기 어려움
- 무엇을 해야 하는지 말해 줄 누군가가 필요함
- 경직된 사고(자신의 방식이 유일한 길이라고 믿는)
- 작업을 수행할 때 '전혀 진전이 안 되는' 상황이 발생함

어디에서 시작할 것인가?

실행 기능의 문제가 있으면, 과제 수행 도중에 막히기 쉬우며, 결국 과제를 완수할 수 없습니다. 이것은 좌절감과 성취감 결여로 이어질 수 있습니다. 이 장에는 계획하기, 문제 해결하기, 조직하기 그리고 시간 관리하기 등 다양한 역량을 기르기 위한 활동들이 포함되어 있습니다.

가족 유연성

다음 박스에 가족의 이름과 그들에 대해 여러분이 좋아하는 것들 다섯 가지를 적어 보세요. 그런 다음, 여러분이 쓴 내용을 각 사람과 함께 나눠 보세요. 이 활동지는 가족이 잘 볼 수 있는 곳에 붙여 두세요. 가족 구성원에 대해 5가지 긍정적인 점들을 생각할 수 없다면, 그 사람과 함께 하고 싶은 것을 적어 보세요. 이 활동지는 가족 구성원 모두 각각 작성하도록 합니다.

가족 구성원 이름:
_____

그 사람에 대해 내가 좋아하는 것들 또는
그 사람과 하고 싶은 것들

- _____
- _____
- _____
- _____
- _____

가족 구성원 이름:
_____

그 사람에 대해 내가 좋아하는 것들 또는
그 사람과 하고 싶은 것들

- _____
- _____
- _____
- _____
- _____

가족 구성원 이름:
_____

그 사람에 대해 내가 좋아하는 것들 또는
그 사람과 하고 싶은 것들

- _____
- _____
- _____
- _____
- _____

가족 구성원 이름:
_____

그 사람에 대해 내가 좋아하는 것들 또는
그 사람과 하고 싶은 것들

- _____
- _____
- _____
- _____
- _____

예상하지 못했던 문제가 생겼을 때

우리가 매일 하는 일들 중에 어떤 것들은 이미 익숙해져서 생각하지 않아도 거의 자동적으로 할 수 있어요. 그러나 때때로 이러한 일들을 더 이상 자동적으로 할 수 없는 상황이 생기기도 하지요.

예상치 못한 일로 문제를 해결해야 했던 때를 생각해 보세요. 다음 표에 원래 일상의 일, 예상치 못한 사건 및 어떻게 그것을 해결할 수 있었는지 적어 보세요.

일상의 일	예상치 못한 사건	여러분이 문제를 해결한 방법
축구 연습에 참석하기	내 방에 축구화를 두고 옴	스파이크 운동화 대신 스니커즈를 신고 연습에 참여할 수 있었음

유연성: 백업 계획

만약 생각을 유연하게 할 수 있다면, 어려움에 직면했을 때 문제에 '막혀 있기보다' 문제를 해결하거나, 또 다른 답을 찾는 데 도움이 됩니다. 다음 시나리오를 읽고 백업 계획을 세워 보세요. 다음은, 부모님과 몇 가지 실제 시나리오를 만들고, 브레인스토밍을 통해 백업 계획을 세워 보세요.

숙제 시간

시나리오: 숙제를 1시간 안에 끝내야 하는데, 가방을 열었더니 숙제를 적은 메모가 없어져서 숙제를 시작할 수 없습니다.

백업 계획: _____

_____

여러분만의 시나리오를 사용해 보세요.

시나리오: _____

_____

_____

백업 계획: _____

_____

_____

시나리오: _____

_____

_____

백업 계획: _____

_____

_____

대처 그리고 변화

매일의 일과는 다음에 어떤 일이 일어날지 예상할 수 있기 때문에 편안함을 느낍니다. 반면, 변화는 불확실한 느낌을 일으키기 때문에, 미리 어떻게 변화에 대처할 것인지 계획을 세운다면 부정적인 감정을 줄이는 데 도움이 될 수 있어요. 한편, 변화는 처음엔 예상하거나 기대하지 않았던 긍정적인 기회나 결과를 가져올 수도 있어요. 다음 시나리오를 읽고 상황을 해결하기 위해 사용할 수 있는 대처 기술을 찾아보세요. 그런 다음, 변화를 받아들였을 때 일어나는 긍정적인 결과를 말해 보세요.

숙제 시간:

_____

_____

_____

저녁 식사 시간:

_____

_____

_____

목욕/양치 시간:

_____

_____

_____

스포츠 또는 음악 시간:

_____

_____

_____

목요일에 친구가 저녁을 먹으러 오기로 해서 일주일 내내 기대하고 있었는데, 친구가 아파서 올 수가 없게 되었다.

이 일로 인해 여러분의 기분은 어떤가요? (동그라미 치세요) 편안하다/불편하다/기타: _____

여러분은 달라진 상황에 어떻게 대처할 수 있을까요? _____

_____

만일 도움이 필요하다면, 누가 여러분을 도울 수 있을까요? _____

이러한 상황을 받아들인다면 어떤 긍정적인 결과가 나타날까요? _____

_____

_____

엄마가 여러분의 머리카락을 잘라 주고 계신다. 원래 계획은 머리 양 옆만 조금 다듬는 것이었는데, 엄마가 실수를 하시는 바람에 계획했던 것보다 머리가 더 짧아지게 되었다.

이 일로 인해 여러분의 기분은 어떤가요? (동그라미 치세요) 편안하다/불편하다/기타: _____

여러분은 달라진 상황에 어떻게 대처할 수 있을까요? _____

_____

_____

만일 도움이 필요하다면, 누가 여러분을 도울 수 있을까요? _____

이러한 상황을 받아들인다면 어떤 긍정적인 결과가 나타날까요? _____

_____

_____

아빠가 새 직장을 다니게 되셔서, 학기 중에 이사를 가야 한다고 말씀하셨다.

이 일로 인해 여러분의 기분은 어떤가요? (동그라미 치세요) 편안하다/불편하다/기타: _____

여러분은 달라진 상황에 어떻게 대처할 수 있을까요? _____

_____

_____

만일 도움이 필요하다면, 누가 여러분을 도울 수 있을까요? _____

이러한 상황을 받아들인다면 어떤 긍정적인 결과가 나타날까요? _____

_____

_____

번갈아 그리기

짝(부모, 형제자매 또는 친구)을 한 명 고르세요. 자, 이제 번갈아 가며 그림을 그려 보세요. 여러분은 원하는 것은 무엇이든 그릴 수 있습니다! 각 사람마다 10초 동안 그림을 그린 다음, 상대방에게 연필을 건네 줍니다. 타이머를 사용하거나 10까지 셀 수도 있습니다. 여러분의 그림은 어떤 반전들이 있었나요? 마지막으로, 이 작품의 제목을 함께 정해 보세요!

제목: _____

행동 그리고 결과

우리는 일어나는 일들에 어떻게 반응할지 선택할 수 있어요. 우리의 선택에는 그 결과가 따른다는 것을 항상 기억하세요. 결과는 좋을 수도 있고, 안 좋을 수도 있지요. 다음 시나리오와 주어진 선택지들을 읽어 본 후, 각각의 행동에 대한 결과를 적어 보세요. 긍정적인 결과로 이어질 행동에 동그라미 쳐 보세요. 하나 이상의 정답이 있을 수 있어요.

학교 급식실에서 한 친구가 여러분이 늘 앉던 자리에 앉아 있습니다.

선택 A: 그 친구에게 다른 자리로 옮겨 달라고 한다.

결과: _____

선택 B: 그 친구를 자리에서 민다.

결과: _____

선택 C: 다른 빈 자리를 찾는다.

결과: _____

친구가 놀러오기로 했었는데, 올 수 없게 되었다.

선택 A: 계획을 바꿨다고 친구에게 화를 낸다.

결과: _____

선택 B: 다른 시간을 다시 잡는다.

결과: _____

선택 C: 자기 방에서 뿌루퉁하게 있으면서 부모님을 피한다.

결과: _____

학교에서 한 친구가 다른 친구들 앞에서 나를 곤란하게 만들었다.

선택 A: 소셜 미디어에서 그 친구를 곤란하게 만든다.

결과: _____

선택 B: 그 친구에게 그러한 행동으로 인해 내 기분이 어땠는지 이야기한다.

결과: _____

선택 C: 화장실로 달려가 숨는다.

결과: _____

생각 재구성하기

다음 차트를 사용하여, 과거에 여러분이 목표를 달성할 수 없다고 느꼈던 상황에 대해 생각해 보세요. 긍정적인 생각을 말해 봄으로써, 여러분의 감정은 긍정적인 방향으로 변화할 수 있으며, 여러분의 행동이 목표를 향해 나아가는 데 도움이 될 거예요.

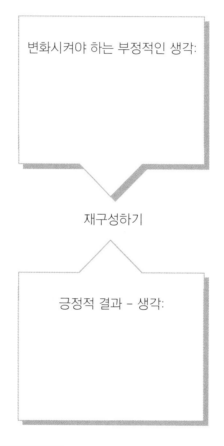

변화시켜야 하는 부정적인 생각:

재구성하기

긍정적 결과 - 생각:

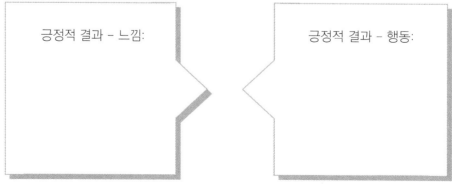

긍정적 결과 - 느낌:

긍정적 결과 - 행동:

나의 문제의 크기

어려운 일이 생기면, 그 문제를 다양한 관점에서 바라보고 적절하게 대응하기가 어려울 수 있어요. 다음 박스에 그 문제가 얼마나 심각한 것인지, 그리고 그 문제를 해결하기 위해 누구에게, 어떻게 도움을 요청해야 하는지 적어 보세요. 가정과 학교에서 겪는 작은 문제부터 보통 수준의 문제 그리고 큰 문제까지 각각 예를 들어 보세요. 각각의 문제에 대해 누가 여러분을 도울 수 있나요?

큰 문제! 도움이 필요해요!

가정에서의 예시:

학교에서의 예시:

보통 수준의 문제

가정에서의 예시:

학교에서의 예시:

작은 문제

가정에서의 예시:

학교에서의 예시:

문제 vs. 반응

우리의 신체적 또는 감정적 반응을 이해하고 조절하는 것은 우리 삶에서 꼭 필요한 기술이에요. 문제의 크기에 따라 적절하게 반응할 때, 문제에 대한 해결책을 더 잘 찾을 수 있어요. 부모님과 함께 여러분이 갖고 있는 문제와, 그 문제에 어떻게 반응할지 생각해 보세요. 부모님은 다양한 반응에 따른 시나리오를 통해, 아동이 문제의 크기에 따라 어떻게 적절하게 반응할 수 있는지 알 수 있도록 해 주세요.

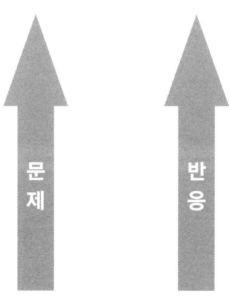

여러분이 갖고 있는 문제의 크기: 1(작은)~10(큰) _____

_____

여러분의 문제를 말해 보세요: _____

_____

여러분의 반응의 크기: 1(작은)~10(큰) _____

_____

여러분의 반응을 말해 보세요: _____

_____

그 문제에 대한 여러분의 반응이 적절한가요? _____

_____

도움 요청하기

여러분은 언제 도움을 요청해야 하는지 알고 있나요? 다음에 있는 문제들을 읽어 본 다음, 각각의
문제가 얼마나 큰지, 누가 도울 수 있는지, 어떻게 도움을 요청할 수 있는지 작성해 보세요.

문제	이 문제는 얼마나 큰가요?	누가 나를 도와줄 수 있나요?	나는 어떻게 도움을 요청할까요?
라디오 소리가 너무 크다.			
길을 잃었다.			
학교에 내야 하는 중요한 숙제를 잃어버렸다.			
자전거 타이어 바람이 빠져 버렸다.			
수업 시간에 연필이 부러 졌다.			
옆집에 불이 났다.			

성장을 위한 기회

스스로 계획하고, 문제를 해결하며, 상황에 대해 생각해 볼 수 있는 기회를 갖는 것은 성장에 꼭 필요합니다. 단순히 과제를 끝마치는 데만 초점을 두는 대신, 지지와 격려를 제공하게 되면 독립심과 사고 능력을 기를 수 있습니다.

가족을 돕기 위해 여러분이 나섰던 때를 생각해 보세요. 그 상황을 설명한 다음, 그 사람이 독립심을 기를 수 있도록 하기 위해, 또 그를 격려하기 위해 어떤 말을 할 수 있는지 생각해 보세요.

상황 설명하기	격려와 지지의 말들

순서대로 배열하기와 우선순위 정하기: 방과 후 일과

다음의 네모 박스들을 자른 다음, 어떤 일을 먼저 끝내야 하는지 함께 이야기를 나누고, 중요한 순서대로 배열해 보세요. 아동에게 각각의 일을 끝내는 것이 무엇을 의미하는 것인지 적어 보도록 하세요. 예를 들어, '설거지'는 식탁 정리, 식기 세척기에 그릇 넣기, 식기 세척기에서 그릇 꺼내기 등이 포함될 수 있습니다. 여러분의 일상 활동 중 빠진 것이 있다면, 빈칸을 사용하여 추가해 보세요.

일의 순서 목록표

가족이 해야 하는 중요한 일들을 다음 표에 순서대로 적으세요. 이 목록표를 집에 붙여 놓아 자녀가 볼 수 있도록 하십시오. 각 자녀마다 개인 목록표를 만들어서 매일 일을 끝마친 다음 체크할 수 있도록 합니다. 부모님은 아동이 목록표의 일들을 끝마치는 것에 대한 보상으로 컴퓨터 시간, 가족 시간, 간식 또는 추가 자유 시간 등을 정합니다. 아동이 불평 없이, 또는 부모의 지시 없이 스스로 일을 끝마쳤을 때 보상을 주는 것도 좋습니다.

일	완료

오늘 저녁 식사는 뭐지?

저녁 식사를 만들기 위해서는, 무엇을 만들지 결정하고, 재료 목록을 작성하고(그리고 재료를 구입하고), 요리하는 데 걸리는 대략적인 시간을 따져 본 다음, 조리 순서대로 음식을 만들어서 완성된 요리를 식탁에 올립니다. 가족과 함께 다음의 저녁 식사 만들기 활동을 해 보세요.

보너스 활동: 가족과 함께 저녁을 만들어 보세요!

요리 이름: _____

재료/구매 목록: _____

_____

_____

조리 순서: _____

_____

_____

_____

_____

_____

각자 맡은 일은 무엇인가요? _____

_____

_____

저녁 식사는 몇 시인가요? _____

식사 준비는 얼마나 걸릴까요? _____

식사 준비는 언제 시작해야 하나요? _____

작은 승리

여러분의 가정에서 일주일 내에 달성해야 하는 목표 하나를 선택해 보세요. 매일 여러분이 그 목표를 어느 정도 달성했는지 확인해 보세요. 진전이 있었나요? 목표를 달성하기 위해 변경하거나 조정해야 할 사항이 있나요?

주간 목표: _____

장기 목표: _____

	달성한 것
일요일	
월요일	
화요일	
수요일	
목요일	
금요일	
토요일	

달성한 것들: _____

개선 사항: _____

우선순위 연습

활동의 우선순위를 정하는 것은 시간 관리를 하는 데 중요한 기술이에요. 학년이 올라갈수록 해야 할 일들은 더 많아지고 새로운 관심사들이 생기게 되지요. 중요한 일을 미루는 것은 좋지 않은 결과를 가져옵니다. 어떤 일을 먼저 끝내야 하는지 순서를 매기고, 그 이유를 생각해 보세요.

1. 여러분은 학교에서 돌아온 다음 휴식을 취하며 게임을 하고 싶어요. 그러나 엄마는 여러분에게 빨 옷들을 치우고, 저녁에 농구를 하기 전에 숙제부터 끝내야 한다고 말씀하세요. 여러분은 무엇을 먼저 해야 할까요? 우선순위를 정해 보세요.

   1. _____   이유는? _____
   2. _____   _____
   3. _____   _____

2. 토요일 아침 6시에 알람이 울립니다. 여러분은 오늘 할머니 댁에 심부름을 가야 하고, 오전 9시까지 수영 연습을 해야 하고, 그리고 방청소를 해야 합니다. 여러분은 무엇을 먼저 해야 할까요? 우선순위를 정해 보세요.

   1. _____   이유는? _____
   2. _____   _____
   3. _____   _____

3. 이번 주에 여러분은 금요일까지 과학 숙제를 끝내야 하고, 수요일에 있는 시험 공부를 해야 하고, 내일 수업에 과자를 구워 가야 합니다. 여러분은 무엇을 먼저 해야 할까요? 우선순위를 정해 보세요.

   1. _____   이유는? _____
   2. _____   _____
   3. _____   _____

우선순위 정하기

가정, 학교 그리고 개인의 목표를 각각 나열해 보세요. 여러분은 이 목표들을 어떻게 달성할 수 있나요? 목표를 달성하기 위해서 어떤 단계들을 거쳐야 하나요? 이 목표들은 언제 달성할 수 있나요?

가정에서의 목표
목표:
해야 할 것들:
언제까지 목표를 달성해야 하는지?

학교에서의 목표
목표:
해야 할 것들:
언제까지 목표를 달성해야 하는지?

개인적인 목표
목표:
해야 할 것들:
언제까지 목표를 달성해야 하는지?

얼마나 걸릴까?

다음 활동들을 끝마치는 데 걸리는 시간을 예상해 보세요. 그런 다음, 실제로 활동을 끝내고 나서 걸린 시간을 기록해 보세요. 예상한 시간과 실제 걸린 시간이 별 차이가 없나요, 아니면 차이가 큰가요? 활동을 하는 데 걸리는 시간을 좀 더 정확하게 예상하기 위해 사용한 전략이나 단서는 무엇인지 함께 이야기해 보세요.

활동	활동을 끝내는 데 걸릴 것으로 예상한 시간	실제 활동을 끝내는 데 걸린 시간
침대 정리		
쓰레기 버리기		
거실 청소기 돌리기		
식기 세척기에서 그릇 꺼내기		
빨래한 수건들 개기		

일정표 만들기

일정표를 작성하는 것은 매일 해야 하는 일들을 수행하는 데 도움이 됩니다. 오전, 오후, 저녁 동안 다양한 가족 구성원들이 맡은 활동들이 적힌 일정표를 함께 만들어 보세요. 주중과 주말의 차이점들을 적어 보고, 집에 일정표를 붙여 두세요.

	주중	주말
오전		
오후		
저녁		

지금 할 일과 나중에 할 일

우리는 지금 해야 할 일과 나중에 해도 되는 일의 우선순위를 정해야 해요. 여러분에게 스트레스를 주는 해야 할 일들과 책임들의 목록을 적어 보세요. 그 목록에서 즉시 해야 할 일, 해야 하지만 당장 하지는 않아도 되는 일, 할 시간이 없거나 하고 싶지 않은 일들을 찾아보세요.

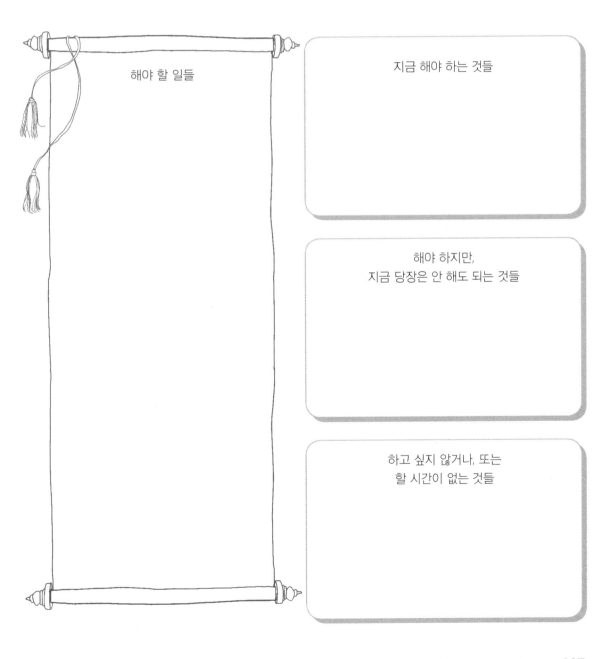

해야 할 일들

지금 해야 하는 것들

해야 하지만,
지금 당장은 안 해도 되는 것들

하고 싶지 않거나, 또는
할 시간이 없는 것들

제 **5** 장
대처 기술 기르기

우리는 살아가면서 도전과 어려움을 피할 수 없습니다. 그렇기 때문에 스트레스를 어떻게 다룰 것인지에 대해 전략을 세우는 것이 건강한 정서 발달의 중요한 부분입니다. 당신의 자녀는 문제에 직면했을 때, 어떻게 그것을 다루나요? 파괴적이거나 지나친 면이 있지는 않은가요?

부모와 양육자는 그저 아동을 어려움으로부터 보호하는 것이 아니라, 아동으로 하여금 긍정적이고 건강한 대처 기술들을 갖추도록 함으로써 아동의 발달을 지지할 수 있습니다. 이러한 전략들은 좌절감을 느낄 때 유용합니다. 부모는 자녀가 어려운 또는 예상치 못한 사건을 다루는 데 도움이 되는 것이 무엇인지 함께 이야기를 나누고, 예시 시나리오들을 통해 문제를 해결하며, 감정을 조절하는 다양한 방법을 검토함으로써, 대처 능력을 기를 수 있습니다.

이 장은 부모와 자녀가 자신의 행동과 감정을 조절하기 위해 어떻게 계획을 세우는 것이 좋을지 함께 이야기해 보는 활동들로 이루어져 있습니다. 이러한 활동들은 갈등을 줄이거나 해결하고 도움을 청하는 것과 같은 역량을 기르는 데 초점을 맞추고 있습니다.

촉발 요인과 행동

다음 나열한 감정들을 일으키는 요인들과 그에 따른 여러분의 반응들을 써 보세요. 여러분의 부정적인 반응을 줄이기 위해 어떤 대처 기술을 사용할 수 있나요? 여러분이 집에서 그리고 학교에서 지내는 모습을 생각하며 이 활동지를 완성해 보세요. 집과 학교, 어떤 점들이 차이가 있나요?

촉발 요인	감정	반응
	분노	
	슬픔	
	걱정	
	좌절감	

내가 ~를 느낄 때	기분이 나아지기 위해 나는 ~할 것이다.
분노	
슬픔	
걱정	
좌절감	

스트레스가 쌓일 때

여러분은 스트레스에 어떻게 대처하나요? 스트레스를 다루는 계획이 있다면, 좋은 결정을 내리고 긍정적인 사고를 하는 데 도움이 됩니다. 다음의 시나리오들을 읽고, 여러분이 무엇을 해야 하고, 무엇을 해서는 안 되는지 적어 보세요. 그런 다음, 이러한 스트레스 상황이 다시 발생하지 않도록 예방하기 위해 무엇을 할 수 있는지 적어 보세요.

시나리오: 나는 과학 숙제를 미루다가 마지막 순간에 겨우 끝냈다.	
해야 하는 행동	**하지 말아야 하는 행동**
이런 일이 다시 일어나지 않도록 하기 위해, 나는 ~을 할 수 있다:	

시나리오: 나는 중요한 숙제를 끝냈는데, 친구는 숙제를 하지 않았다. 그는 나에게 수업 전에 내 숙제를 베끼게 해 달라고 한다.	
해야 하는 행동	**하지 말아야 하는 행동**
이런 일이 다시 일어나지 않도록 하기 위해, 나는 ~을 할 수 있다:	

시나리오: 가장 친한 친구가 나를 파티에 초대했는데, 나는 이미 다른 친구와 영화를 보러 가기로 약속했다.	
해야 하는 행동	**하지 말아야 하는 행동**
이런 일이 다시 일어나지 않도록 하기 위해, 나는 ~을 할 수 있다:	

시나리오: 나는 오늘 밤 농구 연습과 숙제를 해야 하는데, 친구가 전화해서 비디오 게임을 하자고 한다.	
해야 하는 행동	**하지 말아야 하는 행동**
이런 일이 다시 일어나지 않도록 하기 위해, 나는 ~을 할 수 있다:	

대처 인터뷰

여러분의 가족이나 다른 사람을 인터뷰해 보세요. 여러분과 여러분의 가족은 기분이 좋지 않을 때, 어떻게 대처하거나, 긍정적으로 반응하나요?

가족 구성원	감정	무엇이 여러분을 이렇게 느끼게 하나요?	여러분은 어떻게 대처하나요?
1. 2. 3.	슬픔		
1. 2. 3.	분노		
1. 2. 3.	걱정		
1. 2. 3.			

신뢰 버블

여러분을 지지하고 신뢰할 수 있는 사람들을 생각해 보세요. 먼저 '신뢰'라는 단어를 정의해 보세요. 그것이 여러분에게 어떤 의미인가요? 다음의 원에서 나와 가족, 그리고 여러분이 신뢰하는 친구들의 긍정적인 특징을 찾아 적어 보세요. 나 자신이 신뢰할 만한 사람이 되도록 하는 일들을 적어 보세요. 또 신뢰할 수 있는 가족이나 친구들이 보이는 특성들을 나열해 보세요.

신뢰: _____

나

가족

친구들

멈추고 생각하기!

다음 표에서 여러분이 감정적으로 행동했을 때의 상황과 그 결과에 대해 적어 보세요. 여러분이 자신의 감정에 따라 행동할 때와 잠시 멈추고 자신의 행동에 대해 생각할 때 어떤 일이 생길까요? 또 긴장을 풀고, 그 상황에 적절하게 반응할 수 있도록 돕는 대처 기술을 적어 보세요.

	감정적으로 반응하기 (지금 즉시)	멈추고 그것에 대해 생각하기 (나중에 반응하기)	대처 기술
나는 뭐라고 말했나요?			
나의 행동은 무엇이었나요?			
나의 기분은 어떤가요?			
다른 사람들은 나의 반응을 어떻게 볼까요?			

통제 포기하기

아동들은 늘 부모가 "엄마/아빠가 시키는 대로 해."라고 말할 때 싫어합니다. "엄마/아빠가 시키는 대로 해."라고 지시를 내리는 대신, 아동에게 두 가지 중 하나를 선택하도록 해 보세요. 아동은 자신도 가족의 의사결정 과정에 참여했다고 느끼기 때문에 지시를 더 잘 따르게 됩니다. 다음에는 원래 지시 사항과 그에 대한 대안들의 예시가 나와 있습니다. 빈칸에는 당신이 자녀에게 내리는 지시 사항과 그에 대한 대안을 적어 보세요.

원래의 지시	대안
예: 쓰레기를 갖다 버려라.	예: 쓰레기를 갖다 버릴래? 아니면 식탁 정리를 할 거야?
예: 오늘 밤 우리 영화를 볼 거야.	예: 오늘 밤 나와 영화를 볼 수도 있고, 아니면 네 방에서 책을 읽을 수도 있어.
예: 오늘 저녁은 수프와 치즈 샌드위치야.	예: 저녁 식사로 수프와 치즈 샌드위치를 먹을 수도 있고, 아니면 어젯밤에 남은 음식을 먹을 수도 있어.
예: 오늘 저녁에는 우리 가족이 밖에서 운동을 할 거야.	예: 오늘 저녁에 너는 그네를 타고 놀 수도 있고, 아니면 밖에서 우리랑 같이 배드민턴을 쳐도 돼.

근데, 누구 차례야?

형제자매들과 함께 이 게임을 진행해 보세요. 다양한 시나리오들을 거치면서, 언제 여러분이 무엇
이 공정하고 무엇이 그렇지 않은지 차분하게 이야기해 보세요. 한 개의 주사위를 굴려서 주사위가
놓인 자리에 해당하는 지시를 따르거나, 제시된 시나리오를 함께 이야기해 보세요.

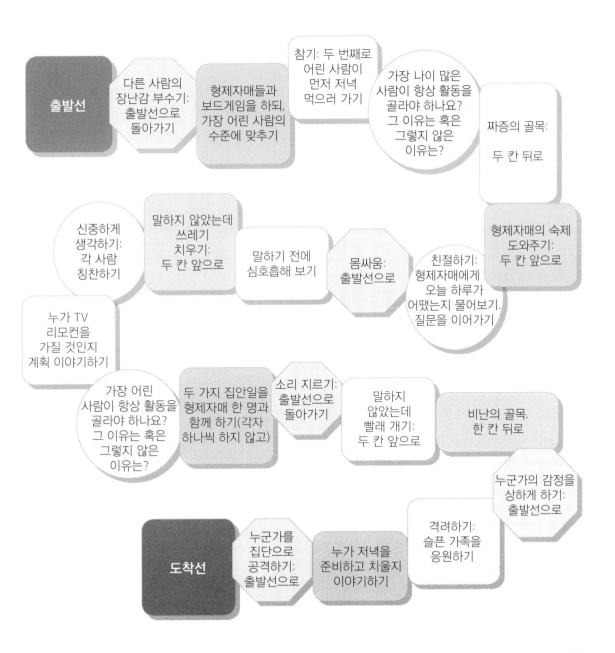

갈등과 결과

갈등은 둘 이상의 사람들 사이에 의견이 일치하지 않거나, 논쟁이 있을 때 일어나요. 갈등이 생겼을 때, 여러분이 통제할 수 있는 유일한 것은 여러분의 반응과 대답이에요. 여러분의 반응과 대답을 잘 통제할수록, 더 좋은 결과를 얻을 수 있어요. 다음의 시나리오와 주어진 선택지들을 읽어 보세요. 선택지에 따른 결과나, 좋든 나쁘든 그 행동의 결과로 일어날 수 있는 일을 적어 보세요.

학교 과제에서 낮은 점수를 받았는데, 선생님께서 써 주신 의견에 동의하지 않는다.

선택 A: 전체 학급 앞에서 선생님에게 질문하기

    결과: _____

선택 B: 방과 후에 과제 점수에 대해 이야기를 나누기 위해 선생님께 면담 신청하기

    결과: _____

선택 C: 그 선생님이 얼마나 불공정한지 친구들에게 불평하고 선생님과는 이야기하지 않기

    결과: _____

소셜 미디어를 보다가, 친구가 파티를 열었는데 나는 초대하지 않은 것을 알았다.

선택 A: 즉시 "초대 고맙네(비꼬는 말투로). 난 우리가 친구인 줄 알았어."라고 댓글을 단다.

    결과: _____

선택 B: 다음 주말에 나도 파티를 계획해서 나를 초대하지 않은 그 친구를 부르지 않는다.

    결과: _____

선택 C: 진정이 되었을 때 그 친구에게 전화를 걸어 무슨 문제가 있는지 묻고, 따돌림을 당한 자신의 기분을 이야기한다.

    결과: _____

부모님이 나에게 동생을 돌보라고 하시는데, 그러면 나는 친구들과의 계획을 취소해야 한다.

선택 A: 부모님 말씀에 따르고 내 계획은 취소한다.

    결과: _____

선택 B: 내 계획이 변경되는 것에 대한 내 기분을 부모님에게 이야기하고, 친구들과는 다른 날에 만나기로 한다.

    결과: _____

선택 C: 감정이 폭발해서, 이건 불공평하다고 소리를 지르고 방에 들어가 나오지 않는다.

    결과: _____

말조심

자제력을 잃지 않고 다른 사람들과 상호작용하기 위해서는 우리가 무슨 말을 어떻게 하느냐가 상황에 영향을 미친다는 사실을 이해해야 해요. 여러분이 속상해서 화가 난 말을 했던 상황을 떠올려 보세요. 그 상황을 맨 위 박스에 써 보세요. 다음은, '화가 난 말/생각' 박스로 가 보세요. 속상하거나 화가 났을 때 어떤 말을 했나요? 다음 박스에는 이러한 부정적인 말들을 바꾸어 보세요. 여러분은 어떤 친절하고, 긍정적인 말을 할 수 있을까요? 마음속으로 어떤 생각을 떠올리거나, 흥분을 가라앉히는 방법들을 사용할 수도 있고, "나는 지금 침착해. 나는 내 기분을 조절할 수 있어."와 같은 주문을 중얼거릴 수도 있어요. 마지막으로, 맨 끝의 박스에는 그 상황을 좀 더 친절하게 대처할 수 있는 방법을 써 보세요.

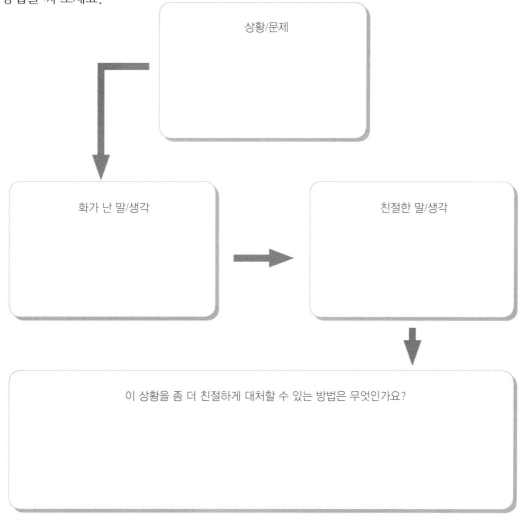

상황/문제

화가 난 말/생각

친절한 말/생각

이 상황을 좀 더 친절하게 대처할 수 있는 방법은 무엇인가요?

문제 해결 신호등

우리는 매일 문제를 만납니다. 이 신호등 활동은 어려운 문제를 해결하는 방법에 대해 생각할 때 도움이 됩니다. 여러분이 가지고 있는 문제를 생각하면서, 다음의 단계들에 적용해 보세요.

문제 해결의 단계들

빨간색

1. **멈춤**: 멈추고 문제에 대해 생각하기. 몇 번 심호흡하기.
   어떤 상황인가요? _____

   이 문제의 긍정적인 것과 부정적인 것은 무엇인가요? _____

노란색

2. **속도 줄이기**: 속도를 늦추고 계획 세우기.
   여러분은 어떤 행동을 하고, 무슨 말을 할 수 있나요? _____
   _____
   _____
   _____

초록색

3. **출발**: 여러분의 계획에 따라 행동하기.
   만일 여러분의 계획에 따라 행동한다면 어떤 일이 일어날까요? _____
   _____

조절 카드

조절 카드는 어려운 상황에 만났을 때 통제력을 유지하고 부정적인 생각을 줄이는 데 도움이 되는 시각적인 단서가 됩니다. 부모님과 함께 분노와 좌절감에 대한 조절 카드를 작성해 보세요. 여러분이 경험하는 다른 감정들에 대해서도 추가로 카드를 만들어 보세요.

예:

나의 분노 조절
내가 할 일: 심호흡을 한다.
긍정적인 생각: 나는 내 행동을 잘 조절하고 있어.
규칙: 나는 손을 사용하지 않을 것이다. 나는 친절한 말만 하든지, 아니면 아예 아무 말도 하지 않는다.

나의 분노 조절
내가 할 일:
긍정적인 생각:
규칙:

나의 좌절감 조절
내가 할 일:
긍정적인 생각:
규칙:

10가지 행동 목록

여러분이 속상하거나 불안할 때, 이 활동을 통해 통제력을 되찾고 자신을 진정시킬 수 있어요. 다음의 10가지 행동 목록을 따라해 보세요. 10가지 행동을 다 마친 다음, 여러분의 신체에 어떤 변화가 있는지 살펴보세요.

10 심호흡 10번 하기

9 내 눈에 보이는 9가지 말하기

8 나를 지지하는 8명의 사람 말하기

7 7가지 색 말하기

6 나를 행복하게 만드는 6가지 말하기

5 심호흡 5번 하기

4 내게 들리는 4가지 소리 말하기

3 내가 만질 수 있는 3가지 말하기

2 심호흡 2번 하기

1 지금 어떤 기분인가요?

걱정 내려놓기

여러분은 걱정이나 의심을 얼마나 자주 하나요? 나중에, 아무것도 아닌 일에 대해 걱정했다는 것을 깨달은 적이 있나요? 다음의 네모 안에 여러분의 걱정거리를 하나씩 적어 보세요. 자, 이제는 네모를 찢은 다음 공 모양으로 뭉쳐 쓰레기통에 던져 버리세요. 만일 같은 걱정이 계속된다면, 여러분은 그 걱정을 해결하기 위해 행동 계획을 세울 수 있어요.

성공 레시피

분노는 분노를 일으키는 다양한 요인들과 감정, 그리고 반응을 가지고 있어요. 그렇기 때문에 사람마다 분노를 다루는 효과적인 방법도 다릅니다. 여러분에게는 어떤 방법이 효과가 있을까요? 여러분의 분노를 일으키는 요인들과 분노에 대한 여러분의 반응들을 찾아보세요. 또 여러분을 지지해 줄 수 있는 사람들과 여러분이 침착함을 유지하는 데 도움이 되는 방법들을 적어 보세요.

성공 레시피

나는 이럴 때 화가 난다. _____

_____

내 몸은 이렇게 느낀다. _____

_____

이 때 나의 반응은 대개 이렇다. _____

_____

나는 _____에게 얘기하면 내 행동을 통제할 수 있다.

나는 침착함을 유지하기 위해 이러한 방법들을 쓴다. _____

_____

나는 나를 진정시키는 데 _____의 시간(몇 분 또는 몇 시간)이 필요하다.

화를 가라앉히는 방법 찾기

이 활동은 분노를 일으키는 요인들을 만났을 때, 분노를 진정시킬 수 있는 방법들을 빨리 떠올리는 데 도움이 되는 메모를 만들어 보는 것입니다. 어떤 방법들이 좋은지 브레인스토밍해 보세요. 화를 가라앉히는 데 도움이 되는 작은 그림을 그려 보거나, 색을 사용할 수도 있어요. 다음의 4단계 예시를 살펴보세요.

예

화를 가라앉히는 방법
1. 앉는다.
2. 눈을 감는다.
3. 심호흡을 5번 한다.
4. 다시 일을 한다.

나의 방법 만들기

화를 가라앉히는 방법
1.
2.
3.
4.

마음챙김 미로

조용한 공간에서, 천천히 숨을 쉬면서, 여러분이 가정에서 감사하게 생각하는 하나를 떠올려 보세요. 바깥에서부터 시작하여 미로를 천천히 따라가 보세요. 미로의 길이 꺾어질 때마다 호흡의 방향을 바꿔 보세요. 좀 더 집중하기 위해, 숨을 들이쉴 때 '지금'이라는 단어를 조용히 생각하고, 숨을 내쉴 때는 '여기'라는 단어를 조용히 생각해 보세요. 중앙에 도착하면, 다시 똑같이 느린 호흡으로 '지금' '여기'를 생각하면서 왔던 길을 다시 되돌아가 봅니다. 그런 다음, 잠시 앉아서 호흡에 집중해 보세요. 미소를 지어 보세요. 자, 이제는 좀 더 편안해진 마음으로 가족에게 돌아갑니다.

몸에 집중하기

조용하고 편안한 공간에 앉아 보세요. 엉덩이와 허벅지가 바닥에 고르게 지지되는지, 척추는 중립 상태에 있는지 확인해 보세요. 눈꺼풀을 부드럽게 하여 거의 눈이 감기도록 하고, 시선은 정면에 고정하세요. 천천히 깊게 숨을 쉬면서, 다음 순서대로 따라가 보세요. 머리에 도달한 다음에는 잠시 앉아서 호흡에 집중하고, 미소를 지어 봅니다.

신체 부위	들숨	날숨
발	*발과 발가락의 모든 근육을 긴장시킨다.	*발과 발가락의 모든 근육을 이완시킨다.
다리	*다리의 모든 근육을 곧게 펴고 긴장시킨다.	*다리 근육을 흔들어 턴 다음 다리를 살짝 바닥에 내려놓는다.
몸통	*몸통의 모든 근육을 긴장시키고 약간 앞으로 기울인다.	*몸통의 모든 근육을 풀고 뒤로 기울인다.
어깨	*어깨를 앞으로 부드럽게 돌린다.	*어깨를 뒤로 부드럽게 돌린다.
팔	*팔을 편안하게 가능한 한 멀리 옆으로 뻗는다.	*팔의 근육을 풀고 손을 다시 무릎 위에 놓는다.
손/손목	*손과 손가락을 공처럼 꽉 쥐고, 손목을 시계 방향으로 돌린다.	*손과 손가락을 펴고, 손목을 시계 반대방향으로 돌린다.
목	*시계 방향으로 목을 부드럽게 돌린다.	*시계 반대방향으로 목을 부드럽게 돌린다.
얼굴/머리	*얼굴과 머리의 모든 근육을 긴장시킨다.	*눈을 크게 뜨고, 가능하면 귀를 움직여 본다. 얼굴과 목의 모든 근육을 푼다.

이완 주사위

주사위 한 개를 굴려서 나온 숫자 옆에 있는 긴장 완화 기술을 따라해 보세요. 라운드 2에서는 여러분의 이완 방법들을 써 보고, 주사위를 굴려서 연습해 보세요.

라운드 1

1. 발가락을 꽉 쥐고 셋까지 센 다음, 발가락을 이완시킨다.

2. 눈을 꼭 감고 셋까지 센 다음, 눈과 얼굴을 이완시킨다.

3. 이를 악물고 셋까지 센 다음, 턱을 이완시킨다.

4. 주먹을 꽉 쥐고 셋까지 센 다음, 손을 이완시킨다.

5. 종아리 근육을 단단하게 조이고 셋까지 센 다음, 다리를 이완시킨다.

6. 배를 단단하게 조이고 셋까지 센 다음, 배를 이완시킨다.

라운드 2

1. _____

2. _____

3. _____

4. _____

5. _____

6. _____

평화의 모습은?

평화로운 것은 무슨 의미일까요? 평화가 어떤 모습인지 (예: 눈을 감은 채 조용히 앉아 있는 것) 다음 박스에 쓰거나, 그려 보세요. 여러분은 집에서, 학교에서, 주변에서 어떻게 평화를 보여 줄 수 있을까요?

집에서의 평화로운 행동	학교에서의 평화로운 행동	우리 주변에서의 평화로운 행동

평화의 사슬

다음 칸에 평화롭고 차분하게 만드는 단어들을 적어 보세요. 그런 다음, 이것을 가위로 오리고, 그 조각들을 스테이플러나 테이프로 연결해 사슬을 만들어 보세요. 이 사슬은 나를 차분하게 만드는 단어들을 잘 떠올릴 수 있도록 합니다. 이러한 단어들이 서로 연결될 때 그 힘은 더욱 강력해집니다.

제 6 장
가족 역동성

　어떤 가족도 똑같지 않으며, 가족 내 역기능적인 문제가 있다고 실패한 것은 아닙니다. 다음 활동들은 당신이 부모로서 평정심을 유지할 수 있도록 돕는 데 초점이 맞추어져 있습니다. 또한 이 장은 당신이 자녀의 번거로운 요구에 굴복하지 않기 위한 조언들도 제공할 것입니다. 아동은 통제와 관심을 바랍니다. 가족 구성원들과 협력하여 기대나 '기준', 일과, 그리고 강화 계획을 세워 감으로써 긍정적인 결과를 가져올 수 있습니다.

　이 장의 활동들은 각 가족 구성원의 가치, 강점 및 역할을 깨닫고, 당신 가족의 고유한 특성을 이해하는 데 중점을 두고 있습니다. 집안일, 숙제 시간, 디지털 시간 등에 대한 가족의 기대를 정의하는 활동들과, 아동이 지속적으로 지시를 따르도록 돕기 위해 일과를 계획하는 활동들이 포함되어 있습니다.

　당신은 '디지털 시대'를 살아가는 부모의 요구를 다루는 활동들도 하게 될 것입니다. 당신과 함께 아동들에게 책임감 있게 휴대폰, 소셜 미디어 및 기타 기기들의 균형 잡힌 사용을 권장하는 활동들도 구성되어 있습니다. 스크린을 보는 시간을 의미 있는 시간으로 맞바꾸는 일은 꾸준한 노력과 일관성이 필요합니다. 어떤 가족도 완벽하지 않으나, 가족의 기능이 향상될 수 있는 길은 열려 있습니다.

가족 단어 클라우드

다음의 단어 클라우드를 완성해 보세요. 여러분의 가족을 묘사하는 형용사들을 가능한 한 많이 브레인스토밍해 보세요. 가운데 박스에 여러분의 가족 구성원들의 이름을 쓰고, 주변 박스들에는 가족을 묘사하는 긍정적인 형용사들을 적어 보세요. 완성된 과제는 집에 붙여 놓으세요.

가족 구성원들

가족의 역할

여러분과 함께 사는 가족 구성원들의 이름을 쓰거나, 그림을 그려 보세요. 부모님의 도움을 받아, 가족에서 각자의 역할을 적어 보세요. 각 사람은 가족에게 어떤 중요한 일을 하나요?

나의 가족

가족 구성원	집에서의 역할이나 하는 일

가족 이력서

가족의 구성

내 이름: _____

부모님/보호자 이름: _____

형제 (   )명, 자매 (   )명

반려동물 (   )마리

우리 가족의 특별하거나 고유한 점들 3가지를 적어 보세요.

    1. _____

    2. _____

    3. _____

가족의 책임

저녁 식사를 준비하는 사람: _____

집 청소를 하는 사람: _____

형제자매를 돕는 일을 맡은 사람: _____

반려동물을 돌보는 일을 맡은 사람: _____

숙제를 끝내는 일을 맡은 사람: _____

가족의 감정

집에서 나는 이럴 때 행복하다: _____

집에서 나는 이럴 때 속상하다: _____

친구에 관한 도움이 필요하거나, 질문이 있을 때, 나는 이 사람에게 간다: _____

숙제에 관한 도움이 필요할 때, 나는 이 사람에게 간다: _____

내가 화가 났을 때, 이 사람은 나를 진정시킨다: _____

내가 좋아하는 가족 활동: _____

가족으로서 바라는 것: _____

우리 가족의 상징 꾸미기

여러분 가족의 상징을 꾸며 보세요. 다음 4개의 부분에 여러분의 가족을 독특하게 해 주는 것들을 그리거나, 단어를 쓰거나, 잡지에서 그림을 찾아 붙여 보세요. 색칠도 해 보세요. 다음 배너에는 가족의 이름도 만들어서 적어 보세요.

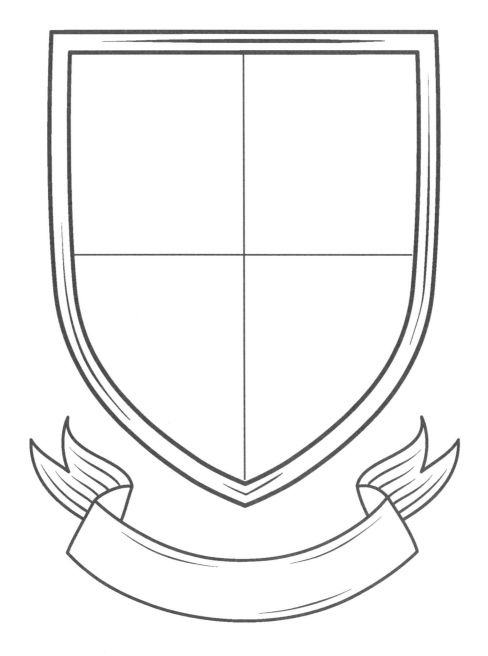

우리 가족의 슈퍼 파워는?

여러분 가족의 슈퍼 파워는 무엇인가요?

약점: 여러분의 가족 내에서 무엇이 문제(예: 싸움, 논쟁)를 일으키나요?

약점을 극복하고 물리치기 위해 여러분 가족의 슈퍼 파워를 어떻게 사용할 수 있나요?

예: 서로의 말을 귀담아 듣기, 가족 시간 갖기, 서로 대화하기

핵심 가치

나무는 생명, 성장, 보호, 그리고 가족과 같은 많은 것들을 가리키거나 상징해요. 나무가 나이 들고 튼튼해짐에 따라 나이테가 생기지요. 다음의 활동에서 여러분의 가족을 더 강하게 만드는 핵심 가치들(중요하다고 생각하는 것들)에 대하여 생각해 보세요. 다음 나이테에 다양한 가치들을 적어 보세요. 여러분 가족의 가치들을 묘사하기 위해, 단어와 문장을 쓰거나, 그림을 그리거나, 이미지를 찾아 붙일 수 있습니다.

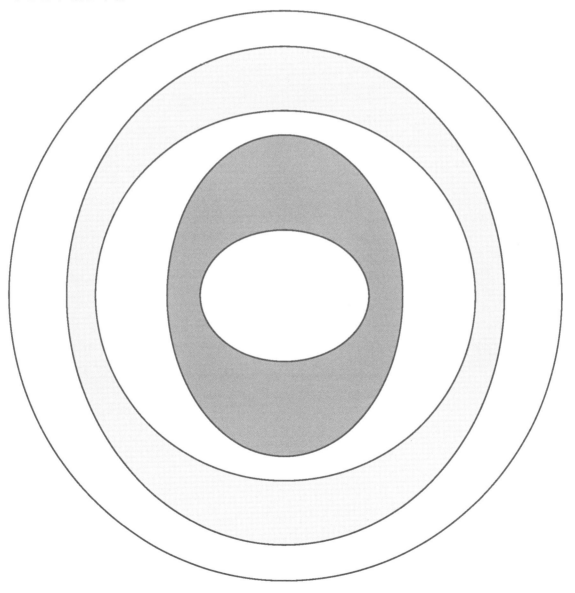

가치, 규칙 그리고 책임

당신 가족의 가치들은 무엇인가요? 다음 박스들에 가족의 가치들을 적고, 가족의 규칙들을 정의해 보세요. 가족의 가치들을 이루거나 유지하기 위해, 어떤 규칙들이 세워져야 할까요? 가족의 가치와 규칙을 지원하기 위해 가족 구성원 각각이 맡아야 하는 책임도 적어 보세요.

가족의 가치들

가족의 규칙들

가족의 책임들

보상과 결과 정의하기

여러분의 가족에게 중요한 가족 규칙과 기대를 찾아보세요. 자녀와 함께, 규칙과 규칙을 따르는 것에 대한 보상, 그리고 규칙을 따르지 않을 때의 결과를 적어 보세요.

이 때 규칙은 분명하게 정해져 있어야 합니다. 필요할 때, 이 표를 다시 찾아볼 수 있습니다. 규칙은 가족의 필요에 맞추어 조정돼야 합니다. 또한 규칙을 위반했을 때의 결과도 명확하게 설명해 줘야 합니다.

규칙/기대	보상	결과
1.		
2.		
3.		

해야 하는 일 vs. 하지 말아야 하는 일: 기대 이해하기

다음 제시된 상황들을 살펴보세요. 각 상황에 대해 여러분이 해야 하는 행동과 하지 말아야 하는 행동을 적어 보세요. 우리가 해야 하는 행동은 모든 사람을 편안하고, 안전하고, 만족스럽게 한다는 것을 기억하세요.

저녁 식탁에서

해야 하는 일	하지 말아야 하는 일
조용히 씹는다.	시끄러운 소음
"죄송해요."라고 말한다.	트림
하루 일에 대해 말하고 묻고 대화한다.	형제자매와 다툼

숙제 시간

해야 하는 일	하지 말아야 하는 일

잠자리에 드는 시간

해야 하는 일	하지 말아야 하는 일

집에서 또는 밖에서 친구들과 놀 때

해야 하는 일	하지 말아야 하는 일
집에서	
밖에서	

가족의 기대

기대에 대한 명확한 의사소통은 효과적인 가족을 만드는 데 도움이 됩니다. 다음의 다양한 영역에서 가족에게 기대되는 행동들에 대해 브레인스토밍해 보세요. 여러분의 가족 안에서는 어떤 유형의 행동들이 허용되는지 부모님과 자녀 모두 이야기해 보세요. 다 작성한 다음 집안의 잘 보이는 곳에 붙여 놓으세요. 필요할 때, 찾아볼 수 있어요.

가족의 기대

기기의 사용: _____

_____

집안일: _____

_____

가족 시간: _____

_____

학교: _____

친구들: _____

기타: _____

_____

나의 책임 차트

여러분이 일상생활 속에서 맡은 책임들을 다음에 적고, 이것들을 잘 수행하고 있는지 표시해 보세요.

	책임 1	책임 2	책임 3
일요일			
월요일			
화요일			
수요일			
목요일			
금요일			
토요일			

여러분은 무엇을 위해서 이러한 책임들을 다하고 있나요? _____

_____

매일 목표 시트

스스로 점검하기는 자녀들이 기대에 따르도록 가르치고 이를 매일의 일과로 만드는 데 도움이 되는 좋은 방법입니다. 다음 시트를 완성해 보세요. 아동이 자신의 목표를 찾고, 스스로를 평가하도록 도와주세요. 하루를 마감할 때 부모님께서도 다음 시트에 피드백을 제공해 보세요. 또 아동이 잘 하고 있는지 확인하고, 필요한 경우 조정할 수 있습니다.

예:

 잘했어요! 보통이에요! 더 노력이 필요해요!

	자녀 평가	부모 평가
형제자매와 싸우지 않고 잘 놀기	☺ ☺ ☹	☺ ☺ ☹
내가 맡은 집안일 끝내기	☺ ☺ ☹	☺ ☺ ☹
숙제 끝내기	☺ ☺ ☹	☺ ☺ ☹

여러분의 목표를 세워 보세요.

목표	자녀 평가	부모 평가
	☺ ☺ ☹	☺ ☺ ☹
	☺ ☺ ☹	☺ ☺ ☹
	☺ ☺ ☹	☺ ☺ ☹
	☺ ☺ ☹	☺ ☺ ☹
	☺ ☺ ☹	☺ ☺ ☹

잡았다!

당신의 자녀들이 **훌륭한 행동**을 하는 순간을 놓치지 마세요! 집안 잘 보이는 곳에 병을 놓고, 자녀가 당신의 기대 이상으로 행동하는 것을 보았을 때 병에 토큰을 넣으세요. 그 행동은 작은 것일 수도 있고(형제자매에게 친절하게 대하기), 큰 것일 수도 있습니다(자발적으로 집안일 돕기). 병이 다 채워지면 받게 되는 가족 활동이나 특별한 저녁 식사와 같은 보상을 정해 보세요. 보상은 당신의 가족에게 실용적이고 재미있는 것으로 고르세요.

내가 맡은 책임들 이해하기

모든 가족 구성원은 각자 맡은 책임이 있어요. 여러분이 하는 일이 가족에게 기여를 하고 있음을 아는 것이 중요해요. 어떤 책임은 학교 갈 준비하기와 같이 매일 해야 하는 일이고, 어떤 책임은 침대 시트 바꾸기와 같이 일주일마다, 그리고 어떤 책임은 방 정리하기와 같이 한 달마다 해야 하기도 합니다. 여러분이 맡은 책임들을 다음에 적어 보세요.

> **매일 해야 하는 책임**
>
> 1. _____
> 2. _____
> 3. _____
> 4. _____
> 5. _____

> **일주일마다 해야 하는 책임**
>
> 1. _____
> 2. _____
> 3. _____

> **한 달마다 해야 하는 책임**
>
> 1. _____
> 2. _____
> 3. _____

나의 할 일과 보상 정하기

여러분이 해야 하는 집안일과 집에서 맡은 책임들을 여러분의 직업이라고 생각해 보세요. 여러분이 해야 할 일을 끝내면 여러분은 보수를 받을 수 있습니다. 여러분이 집에서 받는 보상들을 적어 보세요.

예: 침실 청소=스크린 이용 시간 15분(TV, 게임, 컴퓨터 등)

가능한 일: 청소하기, 정리하기, 쓰레기 버리기, 형제들과 잘 놀기, 숙제 끝내기, 반려동물 돌보기

가능한 보상: 간식, 놀이 약속, 스크린 이용 시간, 밤에 게임하기, 저녁 식사 메뉴 또는 간식 선택하기, 늦게 자기

나의 할 일	보상
침실 청소하기	스크린 이용 시간 15분 (TV, 게임 등)

☘ 행운의 추첨 ☘

당신의 가족을 위해 매주 해야 하는 집안일들을 적어 보세요. 다음의 집안일들을 오려서 접은 후 모자 안에 넣으세요. 추첨을 통해 집안일을 가족 구성원들에게 나눠 주세요. 이러한 방식으로 집안일을 나누는 것은 모두에게 집안일이 배정되게 되므로 불만을 줄이고 협력하는 데 도움이 될 수 있습니다.

부엌 청소하기	장난감 정리하기
화장실 청소하기	설거지하기
쓰레기 버리기	반려동물 돌보기

일과 카드

집에서의 일과를 만들게 되면, 오전과 오후 시간을 효율적으로 보내고, 자녀가 독립심을 기르는 데 도움이 됩니다. 다음의 카드들을 사용하여 당신 자신의 일과를 만들어 보세요. 일과가 습관이 될 때까지 매일 카드를 사용할 수 있도록 카드를 코팅하는 것을 추천해요.

오전 일과
✔ 양치하기
✔ 세수하기
✔ 머리 빗기
✔ 옷 입기
✔ 침대 정리하기
✔ 아침 먹기
✔ 가방 싸기

오전 일과
✔
✔
✔
✔
✔
✔
✔

오후 일과
✔ 가방 풀기
✔ 간식 먹기
✔ 자유 시간
✔ 숙제하기
✔ 샤워/목욕하기
✔ 양치하기
✔ 세수하기
✔ 옷 꺼내 놓기

오후 일과
✔
✔
✔
✔
✔
✔
✔
✔

숙제 도우미

자녀가 방과 후 집에 돌아와서 자리에 앉아 자녀가 숙제에 집중하도록 하는 것은 꽤 어려운 일일 수 있습니다. 숙제 일과표를 만드는 것은 과제들을 모두 끝냈는지 확인할 수 있는 쉬운 방법입니다. 다음 왼쪽 상자의 숙제 일과표를 읽어 보세요. 그런 다음, 오른쪽 상자에 아동과 함께 숙제 일과표를 만들어 보세요. 아동의 숙제 일과표를 만들 때, 장소, 준비물, 시간 제한과 같은 중요한 요소들을 고려해야 합니다. 일과표를 완성한 후에는 코팅을 해서 숙제를 하는 지정된 장소에 붙여 놓으세요.

위치. 집에서 매일 숙제를 할 장소를 고르세요. 조명이 잘 되어 있고, 집중을 방해하는 것들이 적은 공부하기 적당한 장소를 선택하세요.

준비물. 숙제를 하기 위해 연필, 펜, 연필깎이, 자, 메모지, 마커/크레용, 테이프, 접착제, 가위, 계산기 등 주요 물건이 들어 있는 준비물 박스를 만드세요.

타이머 설정. 아동이 10~15분 동안 과제를 하도록 한 다음 확인하고, 필요한 경우 기술들을 검토해 보세요. 숙제를 끝내는 데 몇 시간이 걸려서는 안 됩니다. 만일 과제가 자녀에게 특히 벅찬 것이라면, 선생님께 연락하여 자녀가 어느 정도 수행할 수 있었는지, 또 그 숙제가 왜 더 어려웠는지 이야기해 볼 수 있습니다.

숙제 일과표

- ✓ 간식 먹기
- ✓ 일정표 검토
- ✓ 어떤 과제가 내일까지 또는 이번 주까지 마감인지 정하기
- ✓ 필요한 자료 수집하기
- ✓ 숙제 끝내기
- ✓ 앞으로 있을 퀴즈나 시험을 대비한 노트 복습하기
- ✓ 부모님과 검토 또는 확인하기

나의 숙제 일과표 만들기

- ✓ _____
- ✓ _____
- ✓ _____
- ✓ _____
- ✓ _____
- ✓ _____
- ✓ _____
- ✓ _____

자유 시간 일정표

하루 일과를 만들면 가족의 일정이 순조롭게 진행되는 데 도움이 될 뿐 아니라, 자녀의 공부와 놀이의 균형을 잡는 데도 도움이 됩니다. 당신 자녀의 오후 일정표를 만들어 보세요. 가족 전체를 위한 일정표나 각 자녀의 일정표를 만들 수 있습니다. 자유 시간, 공부 시간, 그리고 스크린 이용 시간을 정해 보세요.

예:

	자녀의 이름
오후 4시	숙제 시간/집안일
오후 5시	자유 시간
오후 6시	저녁 식사
오후 7시	자유 시간
오후 8시	잠자리에 들 준비
오후 9시	독서/취침

자유 시간 선택
게임
야외 활동: 놀기, 자전거 타기 등
창의적 활동: 미술, 요리, 음악
기타:

스크린 시간 선택
TV
비디오 게임
휴대폰
컴퓨터
휴대용 기기
기타:

나의 일정

시간	활동

집안일 일과표 만들기

집안일을 할 때, 가족 구성원들이 일과표를 충실히 따르도록 해 보세요! 각각의 집안일에 대한 행동 목록 및 순서를 다음에 적은 후, 그 일과표를 집안 잘 보이는 곳에 붙여 놓으세요. 가족 구성원들이 집안일을 할 때 사용할 수 있도록 일과표를 코팅하면 좋아요.

부엌 청소

1. _____

2. _____

3. _____

4. _____

5. _____

화장실 청소

1. _____

2. _____

3. _____

4. _____

5. _____

침실 청소

1. _____

2. _____

3. _____

4. _____

5. _____

_____

1. _____

2. _____

3. _____

4. _____

5. _____

디지털 양육

전화를 쓰려고 차례를 기다리거나, 편지, 공중전화 또는 전화 접속 인터넷의 시대는 지나갔습니다. 첨단 기술에 익숙한 아동들은 가정과 학교에서 다양한 방식으로 디지털 기술에 즉각적인 접근이 가능합니다. 당신은 부모로서 디지털 방식에 대해 어떻게 관심과 책임감을 가져야 할지 생각해 봐야 합니다. 가정에서 건전한 디지털 사용을 위해 제한을 설정하는 일은 자녀의 프라이버시를 보호하고, 사이버 폭력의 위험을 줄이며, 실생활과 디지털 세상의 균형을 유지하기 위해 필요합니다. 나날이 진화하는 디지털 세상을 이해하는 것이 쉽지 않지만, 부모는 자녀의 디지털 사용에 관해 계속 교육을 받고 관여해야 합니다.

가정에서의 규칙들과 기대를 정하는 것은 디지털 사용이 문제가 되기 이전에 건전한 디지털 사용 습관을 기르는 능동적인 방법입니다. 이 장의 활동들은 다음과 같은

● 휴대폰
● 비디오 게임
● 컴퓨터
● 휴대용 기기
● 소셜 미디어

가정에서의 다양한 디지털 기술 사용에 대한 기대에 관하여 자녀와 함께 이야기를 나눌 수 있도록 구성되어 있습니다.

건전한 습관을 촉진하는 가장 좋은 방법은 부모 스스로 본보기가 되는 것임을 명심해야 합니다. 만일 당신의 자녀가 문자를 보내며 운전하는 것을 원치 않는다면, 당신이 먼저 운전하는 동안에는 전화를 받지 않거나, 아예 전화기를 치워 사용할 수 없도록 해야 합니다. 가족이 함께 보내는 시간에는 디지털 기기 없는 시간을 만들어 보세요. 휴대폰을 내려놓아 보세요. 휴대폰을 끊임없이 확인하는 행동은 자녀들에게 우리가 무언가를 놓치고 있다는, 사실 그렇지 않은데도 끊임없이 확인하는 것이 필요하다는 메시지를 보내는 것입니다. 마지막으로, 소셜 미디어를 책임감 있게 이용하는 것을 중요한 문제로 다뤄야 합니다. 소셜 미디어에 적절한 게시물을 올리는 것과 자신이 올리는 정보에 관해 신중해야 한다는 것을 알려줘야 합니다.

부모용 활동지

나의 가족 디지털 기술 사용의 이점과 손실

잠시 시간을 내어 다음의 질문들에 답해 보세요. 당신의 답변은 이 장의 활동들을 통해 건전하고 안전한 기술 사용 습관을 기르도록 하는 데 도움이 될 수 있습니다.

당신의 가족은 서로 연락을 주고받기 위해서 어떻게 디지털 기술을 사용하고 있나요?

당신의 가족은 어떤 유형의 디지털 기술 및 기기를 사용하나요?

디지털 기술 사용의 이점과 손실

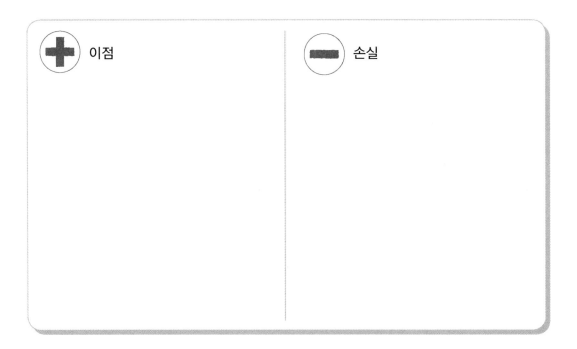

휴대폰 규칙과 계약서

나, (   )는 휴대폰을 갖는 것이 특권임을 알고 있습니다. 나는 책임감 있게 행동하고, 다음의 규칙들을 따를 것을 약속합니다.

- 나는 부모님이 전화하거나 문자를 보내면 즉시 응답할 것입니다.

- 나는 휴대폰을 사용할 수 있도록 충전시켜 놓을 것입니다.

- 내가 운전할 수 있는 나이가 되었을 때, 나는 운전 중에 휴대폰을 사용하지 않을 것입니다.

- 나는 예의 있는 태도로 휴대폰을 사용할 것이며, 누구에게도 부적절한 문자나 그림을 보내지 않을 것입니다.

- 나는 오후 (   )시 이후에는 전화나 문자를 하지 않을 것입니다.

- 밤에는 다음 날을 위해 휴대폰을 (   )에 둘 것입니다.

- 나는 학교에서, 식사 시간, 친구들과의 시간, 그리고 가족이 정한 시간에는 휴대폰을 넣어 두겠습니다.

- 나는 휴대폰에 보호 케이스를 끼워 사용할 것입니다.

- 기타: _____

나는 휴대폰을 책임감 있게 사용하는 것에 동의합니다. 만일 위의 규칙들을 따를 수 없다면, 나의 휴대폰에 대한 권리를 잃게 된다는 것을 이해했습니다.

_____   _____
자녀 서명   날짜

_____   _____
부모 서명   날짜

디지털 기기 사용 규칙과 계약서

자녀들은 집에서 비디오 게임, 휴대용 기기, 컴퓨터, 휴대폰 등과 같은 다양한 디지털 기기에 접근할 수 있습니다. 규칙과 제한을 설정하는 것은 디지털을 사용하는 시간과 그렇지 않은 시간의 이점들 간의 균형을 맞추는 데 도움이 됩니다. 자녀와 함께 가정에서 사용하는 디지털 기기들을 별도의 종이에 적어 보세요. 그런 다음 디지털 기기 사용 규칙들을 적어 보세요.

가정에서의 디지털 사용 규칙:

책임감 있는 디지털 기술 사용을 위한 규칙들:

규칙 1:

규칙 2:

규칙 3:

규칙 4:

규칙 5:

나, (   )는 책임감 있는 태도로 디지털 기기를 사용하는 것에 동의하며, 위의 규칙들에 동의합니다. 만일 위의 규칙들을 따를 수 없다면, 디지털 기기에 대한 나의 권리를 잃는다는 것을 이해했습니다.

_____   _____
자녀 서명   부모 서명

소셜 미디어 규칙과 계약서

자녀와 함께 소셜 미디어 사이트 이용에 대한 기대를 정하고, 다음 계약서를 완성해 보세요. 부모님은 자녀가 직접 자신의 계정을 개설할 수 있는 나이 요건을 알고 계셔야 합니다. 당신의 자녀가 이용할 수 있는 사이트들과 사이트 이용에 대한 기대 목록을 작성해 보세요.

허용된 소셜 미디어 사이트

소셜 미디어 규칙
1.
2.
3.
4.
5.

소셜 미디어 계약서

나, (   )는 책임감 있는 태도로 소셜 미디어를 이용하는 것에 동의합니다. 나는 적절한 에티켓을 지키고, 다른 사람을 괴롭히지 않으며, 개인 정보를 지키고, 괴롭힘을 당할 경우에는 성인에게 도움을 구할 것입니다. 나는 위의 규칙들에 동의합니다. 만일 위의 규칙들을 따를 수 없다면, 소셜 미디어 사용에 대한 나의 권리를 잃는다는 것을 이해했습니다.

_____   _____

자녀 서명   부모 서명

디지털 양육을 위한 팁

부모님은 자녀의 책임감 있는 디지털 이용을 격려하고 자녀의 안전을 점검하기 위해서, 자녀가 어떤 소셜 미디어 사이트를 이용하는지 알아야 하며, 적극적으로 모니터링할 필요가 있습니다. 다음 박스에 자녀에게 허용된 소셜 미디어 사이트와 계정 로그인 정보를 적어 보세요.

부모를 위한 조언들

- 다양한 소셜 미디어 사이트들에 대해 공부하기
- 자녀의 연령 제한과 시간 제한 정하기
- 자녀가 이용하고 있는 사이트 알기
- 가족이 함께 사용하는 공간에서 자녀가 사이트에 접속하도록 하기
- 이용 시간 제한 설정하기
- 자녀와 함께 소셜 미디어 사이트에서의 행동들이 어떤 결과들로 이어질 수 있는지 이야기 하기
- 자녀와 함께 친구, 가족, 그리고 낯선 사람들과 어떤 정보를 공유해야 하는지 이야기하기

소셜 미디어 사이트 - 계정과 암호

부모의 점검 계획

자녀의 안전한 온라인 습관을 길러 주기 위해서는 부모의 지속적인 점검이 중요합니다. 당신의 자녀가 안전한지, 부당한 대우를 받고 있지는 않은지, 디지털 시간과 다른 활동들이 균형을 이루는지 점검하기 위해, 자녀와 함께 확인하는 시간을 정해 보세요.

휴대폰

- 이용 규칙 정하기와 계약서 서명하기
- 어떻게 확인할 것인가?
- 언제 확인할 것인가?

소셜 미디어

- 계정/암호 목록 작성하기
- 이용 규칙 정하기와 계약서 서명하기
- 어떻게 확인할 것인가?
- 언제 확인할 것인가?

디지털 이용 시간

- 이용 규칙 정하기와 계약서 서명하기
- 어떻게 확인할 것인가?
- 언제 확인할 것인가?

그 외 기억해야 할 것들

디지털 사용에 대해 책임감 있는 아이로 키우기

책임감 있고 안전한 디지털 시민의 특징들은 무엇일까요? 그들은 어떻게 행동하며, 어떤 말을 할까요? 여러분의 행동은 다른 사람들에게 어떻게 보일까요? 디지털 환경에서도 실제 삶에서와 마찬가지로 책임감 있는 사람이 되어야 합니다.

디지털 사용에 대한 책임감의 요소들:

- 안전
- 제한 정하기
  (시간, 사이트, 스크린을 사용하지 않는 시간)
- 디지털 매너 또는 에티켓

디지털에 대해 책임감 있는 행동들:

- 어떻게 나는 안전할 것인지?
- 내가 정한 제한들은 무엇인지?
- 어떻게 나는 온라인 상에서 예의를 지킬 것인지?

아동용 활동지

포스트 다루기

게시물들과 사진들은 기분을 상하게 할 수 있기 때문에, 여러분은 그것들에 어떻게 반응해야 하는지 미리 배울 필요가 있어요. 여러분이 타인의 행동을 통제할 수는 없지만, 여러분은 자신의 생각, 감정, 행동을 통제할 수 있어요. 따라서 여러분은 책임감 있게 행동할 수 있습니다. 다음 시나리오 중 하나를 이용하거나, 직접 여러분의 상황을 작성해 보세요. 부정적인 상황을 만났을 때, 여러분의 처음 든 생각, 감정, 행동은 무엇인가요? 잠시 멈추고, 생각한 다음, 그것으로부터 주의를 돌리세요. 잠시 휴식을 취했을 때, 여러분의 반응은 어떻게 변하나요? 시나리오에 따라 어떻게 반응할지를 연습하면, 실제 어려운 문제에 직면했을 때, 보다 적절한 방식으로 대응할 수 있어요.

시나리오 선택

1. 지금 파티를 하는 사진들이 올라와 있다. 친구들은 모두 거기 있는데, 나는 초대받지 못했다.

2. 학교에서 친구와 싸웠다. 그 친구가 싸움에 대한 내용을 게시글로 올렸는데, 내 이름을 얘기하지는 않았지만 나는 그것이 나에 관한 이야기라는 것을 바로 눈치챘다.

3. 내가 어떤 사건에 대한 내 의견을 게시했는데, 한 친구가 내 게시물에 '동의하지 않음' 버튼을 눌렀다.

처음 반응

생각	감정	행동

2단계: 나의 반응

생각	감정	행동

디지털 반응 통제하기

책임감 있는 디지털 시민이 되기 위해서, 여러분은 다른 사람들의 생각이나 사진들에 바로 접근할 수 있기 때문에, 또 자신의 생각이나 사진들을 바로 표현할 수 있기 때문에 생기는 압박감들을 다룰 수 있어야 합니다. 디지털 세계에서는 다른 사람의 생각이나 사진에 바로 접근할 수 있고, 또 자신의 생각과 사진도 바로 표현할 수 있기 때문에 압박감을 느낄 수 있습니다. 책임감 있는 디지털 시민이 되기 위해서는 이러한 압박감을 잘 다룰 수 있어야 합니다. 다음의 시나리오들을 살펴보고, 각 시나리오에 대한 여러분의 생각과 감정을 적어 보세요. 또 책임감 있게 행동하려면 어떻게 반응할 것인지 적어 보세요.

	생각	감정	나의 반응
누군가 내 게시물에 동의하지 않음.			
친구가 나는 초대받지 않은 파티 사진을 올림.			
친구가 내 허락 없이 내 사진을 올림.			
친구의 문자 메시지가 나를 화나게 함.			
친구에 대한 소문이 문자나 소셜 미디어를 통해 퍼지고 있음.			
기타:			

균형 찾기

디지털 사용에 보내는 시간이 너무 많아지면, 여러분은 다른 사람들이 사는 모습들을 지켜보느라 정작 여러분 주변의 경험들을 놓치게 되는 결과를 가져올 수 있습니다. 부모님과 함께, 디지털 이용 시간, 가족 시간, 숙제나 일을 하는 시간 사이의 균형을 이루는 방법들에 대해 브레인스토밍해 보세요. 다음 박스에 하루 중 디지털을 이용할 수 있는 시간과 가족 활동에 참여하는 시간을 적어 보세요.

주중

가족 시간	디지털 이용 시간	숙제, 집안일 등을 하는 시간

주말

가족 시간	디지털 이용 시간	숙제, 집안일 등을 하는 시간

저자 소개

Lisa Weed Phifer는 국가 공인 학교 심리학자로, 아동과 청소년에게 학교 기반의 정신 건강 서비스를 제공하는 풍부한 경험을 가지고 있다. Pennsylvania의 Indiana 대학교에서 신경심리학 선공으로 교육 심리학 박사학위를 받았다. Phifer 박사의 연구는 학생들의 참여 촉진과, 트라우마 정보에 의한 교육 실무 및 학생들의 정신 건강에 대한 옹호에 초점을 맞추었다. 또한 교육자들을 위해 트라우마 정보에 의한 전문적 개발을 만들고 실행하는 데 관여한다. Lisa의 가장 보람 있는 역할은 그녀의 가족인 남편 Jeffrey, 딸 Genevieve, Goldendoodle Midas와 함께하는 가정에 있다.

Laura K. Sibbald는 Prince George's County 공립학교에 근무하고 있는 국가 공인 음성-언어 병리학자 겸 멘토 치료사다. 관계 개발 개입(RDI) 학교 자폐 전문가 자격을 취득하였고, 교육 리더십 분야에서 고급 자격증을 가지고 있다. Laura는 학생의 성장과 성취를 위해 연구하는 다학제 접근과 협업을 중시한다. 그녀는 뛰어난 발표자로, 주와 국가 차원의 발표를 통해 훈련을 제공하는 주도적인 역할을 하고 있다.

Jennifer Hunt Roden은 2018년 가을에 공공 교육자로서 20년째를 맞게 된다. 현재 Erie 공립학교의 학교 심리학자 겸 Pennsylvania의 Edinboro 대학교의 부교수다. 음악 교육자로 경력을 시작한 그녀는 교육 심리학과 교육 리더십 분야에서 두 개의 석사학위를 취득했다. Roden은 또한 프리랜서 가수와 요가 전문가이며, 카약, 하이킹, 산악 풍경을 즐기는 열정적인 야외 활동 애호가다. 그녀는 Pennsylvania의 Edinboro에서 남편 John과 고양이 Pete와 함께 살고 있다.

역자 소개

김정민(Jung Min Kim)

UC Berkeley 아동발달 & 심리 M.A.

UC Berkeley 아동발달 & 심리 Ph.D.

현 명지대학교 아동학과 교수

　명지대학교 아동가족심리치료연구소 소장

　명지대학교 인지행동치료연구소 소장

　한국인지행동치료상담학회 학회장

　Academy of Cognitive Therapy, Certified
　　Cognitive Therapist

　한국아동학회 아동상담지도감독전문가, 아동상
　　담교육전문가

　한국인지행동치료학회 인지행동치료전문가

　한국상담학회 수련감독전문상담사(아동청소년
　　상담)

　한국인지행동치료상담학회 인지행동상담전문가

　한국인지행동치료상담학회 인지행동놀이상담전
　　문가

김지연(Ji Yeon Kim)

명지대학교 사회교육대학원 아동심리치료학과 석사

명지대학교 대학원 아동학과 아동가족심리치료전
　공 박사

현 아동보호전문기관 놀이치료사 및 임상심리사

　한국인지행동치료상담학회 사례위원장

　한국기독교상담심리학회 놀이아동상담사

　한국인지행동치료상담학회 인지행동놀이상담전
　　문가

유선미(Sun Mi You)

명지대학교 대학원 아동학과 아동가족심리치료전
　공 석사, 박사

현 명지대학교 아동학과 겸임교수

　숭실대학교 복지경영학과 겸임교수

　아임굿아동발달센터 센터장

　한국인지행동치료상담학회 총무위원장

　한국인지행동치료상담학회 인지행동상담전문가

　한국인지행동치료상담학회 인지행동놀이상담전
　　문가

정하나(Ha Na Jung)

명지대학교 대학원 아동학과 아동가족심리치료전
　공 석사, 박사

현 명지대학교 아동학과 겸임교수

　숭실대학교 복지경영학과 겸임교수

　한국아동마인드풀니스연구소 소장

　한국인지행동치료상담학회 자격위원장

　한국인지행동치료상담학회 인지행동상담전문가

　한국인지행동치료상담학회 인지행동놀이상담전
　　문가

부모와 자녀가 함께하는
인지행동놀이치료 워크북: 125가지 활동
부모-자녀 상호작용 지침서

Parenting Toolbox: 125 Activities Therapists
Use to Manage Emotions, Increase Positive
Behaviors & Reduce Meltdowns

2022년 11월 10일 1판 1쇄 인쇄
2022년 11월 15일 1판 1쇄 발행

지은이 • Lisa Weed Phifer · Laura K. Sibbald · Jennifer Hunt Roden
옮긴이 • 김정민 · 김지연 · 유선미 · 정하나
펴낸이 • 김진환
펴낸곳 • (주) **학지사**
          04031 서울특별시 마포구 양화로 15길 20 마인드월드빌딩
대표전화 • 02)330-5114   팩스 • 02)324-2345
등록번호 • 제313-2006-000265호

홈페이지 • http://www.hakjisa.co.kr
페이스북 • https://www.facebook.com/hakjisabook

ISBN 978-89-997-2785-6 93180

정가 15,000원

역자와의 협약으로 인지는 생략합니다.
파본은 구입처에서 교환해 드립니다.

출판미디어기업 **학지사**
간호보건의학출판 **학지사메디컬** www.hakjisamd.co.kr
심리검사연구소 **인싸이트** www.inpsyt.co.kr
학술논문서비스 **뉴논문** www.newnonmun.com
교육연수원 **카운피아** www.counpia.com